Para

Que este livro seja inspiração para o cultivo das suas emoções através da incrível viagem interior.

Com carinho e gratidão
São os votos do amigo

Marlon Reikdal

Cultivo das emoções
Um caminho para a transformação moral

A ciência sem a religião é manca,
a religião sem a ciência é cega.

Albert Einstein

SUMÁRIO

APRESENTAÇÃO....11

INTRODUÇÃO....15

CAPÍTULO UM - O ESPIRITISMO E AS EMOÇÕES....21
    KARDEC E AS EMOÇÕES....23
    CIÊNCIA ESPÍRITA E CIÊNCIAS HUMANAS....31
    ESPIRITISMO E PSICOLOGIA DAS EMOÇÕES....39

CAPÍTULO DOIS - AUTODESCOBRIMENTO....51
    CONHECE-TE A TI MESMO....53
    CONSEQUÊNCIAS DO AUTODESCOBRIMENTO....67
    EGO E EMOÇÕES....73
    INCONSCIENTE E EMOÇÕES....87

CAPÍTULO TRÊS - INTRODUÇÃO ÀS EMOÇÕES....97

    EMOÇÕES BÁSICAS....99

    TEORIA DAS EMOÇÕES NA OBRA DE JOANNA DE ÂNGELIS....109

    EMOÇÕES PERTURBADORAS....115

    CULTIVO DAS EMOÇÕES....119

CAPÍTULO QUATRO - O MEDO....127

    O MEDO....129

    DEFININDO O MEDO....133

    IDENTIFICANDO O MEDO....137

    CLASSIFICANDO O MEDO....143

    COMPREENDENDO O MEDO....147

    CULTIVANDO O MEDO....155

CAPÍTULO CINCO - A RAIVA....167

    A RAIVA....169

    DEFININDO A RAIVA....173

    IDENTIFICANDO A RAIVA....175

    SENTINDO A RAIVA....181

    COMPREENDENDO A RAIVA....193

    CULTIVANDO A RAIVA....199

CAPÍTULO SEIS - A TRISTEZA....219

    A TRISTEZA....221

    DEFININDO A TRISTEZA....223

    IDENTIFICANDO A TRISTEZA....225

    SENTINDO A TRISTEZA....227

    COMPREENDENDO A TRISTEZA....233

    CULTIVANDO A TRISTEZA....241

    TRISTEZA E DEPRESSÃO....247

CAPÍTULO SETE - A ALEGRIA....269

    A ALEGRIA....271

    SENTINDO A ALEGRIA....275

    COMPREENDENDO A ALEGRIA....279

    ALEGRIA X EUFORIA....281

    CULTIVANDO A ALEGRIA....285

A ARTE DE CULTIVAR AS EMOÇÕES....289

REFERÊNCIAS BIBLIOGRÁFICAS....301

ENDNOTES....307

APRESENTAÇÃO

As emoções compõem muito da matéria-prima de nosso psiquismo. São elas que possibilitam a gama de cores que encenam as paisagens de nossa vida. Apesar de básicas e fundamentais, continuam sendo um mistério para o homem moderno, desafiando nosso entendimento. Suas forças arrastam-nos em dramas diversos de grande complexidade e intensidade.

Sendo assim, um livro acerca de emoções nos é de extrema relevância. Interesse que se justifica pela pertinência e implicação prática em nossas vidas, ainda mais no momento mundial em que vivemos uma realidade emocional de muita confusão. Tudo isso demonstra o quanto a humanidade ainda tem dificuldade em lidar com as suas próprias emoções.

Percebemos diversas áreas onde essa incapacidade aparece, gerando conflitos, terrorismo, extremismos e doenças de várias ordens.

Assim, Marlon chega-nos com essa riqueza de reflexões e apontamentos sobre o tema. Tem a felicidade de apresentá-lo de maneira didática sem perder a profundidade e objetividade clara que nos leva a um entendimento integrado dos vários aspectos tratados no livro.

Partindo de conceitos fundamentais, expande suas relações com a proposta kardequiana, contribuindo para a interação entre a psicologia acadêmica e a espírita. Apresenta um campo rico em que teoria e prática colocam-nos em contato direto com essa realidade emocional, oferecendo uma excelente contribuição.

Um dos principais aspectos que permeia o livro é o fato das emoções serem abordadas em um contexto amplo: de um lado, Marlon oferece-nos o entendimento de aspectos estruturais como ego e *Self*, de outro, temos as descrições dos diversos estados emocionais, facilitando-nos sua articulação com a realidade interna na busca pelo autodescobrimento, proposta neste livro.

A dinâmica psíquica das emoções ganha destaque, possibilitando entender o caminho emocional dentro do projeto do Espírito em sua busca de conhecimento. E mais, oferece-nos uma proposta prática que consideramos de extrema importância, afinal, o cultivo das emoções constitui um desafio permanente.

O autor oferece a nós a imagem do jardineiro com seu cuidadoso trabalho no jardim. Como uma semente, as emoções são forças, potenciais, cheias de possibilidades. Guardam a fé, buscando o enraizamento profundo para ganhar forma e vida no mundo.

Marlon também é esse jardineiro que consegue nos apresentar, em cada parte deste livro, a ciência do cultivo, provocando e fertilizando nosso solo interior para que encontremos o caminho de um coração florido. Este livro é precioso, pois ajuda nossas almas a encontrarem as raízes profundas do Divino, para que em cada emoção possamos desabrochar o amor.

Gelson L. Roberto
Porto Alegre, 01 de maio de 2015.
Presidente da Associação Junguiana do Brasil

INTRODUÇÃO

Escrever um livro é sempre uma tarefa desafiadora. Exige clareza conceitual, habilidade de expressão e domínio da língua. As palavras grafadas imortalizam-se mesmo que o autor amplie suas concepções ou elabore novos entendimentos.

Dissertar acerca de uma Doutrina como o Espiritismo é algo ainda mais complexo. Diferente de compartilhar vivências pessoais, descrições de fatos ou histórias fictícias, dissertar acerca desse corpo doutrinário é uma grande responsabilidade devido ao esplendor e grandiosidade ética.

Compor uma obra espírita, e que trate do tema "emoções" é uma tarefa indescritível, inquietante e interminável. Ao mesmo tempo em que é obscura, é também encantadora e transformadora. Construção profunda, exige superação da perspectiva simplista que temos da vida, das respostas prontas e do olhar meramente intelectual e reducionista que precisa ser transcendido. A vida emocional é muito rica para ser equacionada em uma teoria ou na mente de um único ser humano.

Teorizar sobre emoções nos dá a sensação de imprecisão, de falta, de incompletude. E é tudo isso, pois sempre existirão aspectos a serem revistos, flexibilizados e entendidos de outra maneira. As emoções são responsáveis pelas maiores conquistas e ao mesmo tempo pelos piores desastres da espécie humana, dependendo do modo, de como permitimos que façam parte da nossa vida.

Podem ser a fonte da vitalidade ou a nascente do descalabro. Conduzem-nos à luz, à transformação e à evolução ou à escuridão, à perversão e à destruição enlouquecedora.

Por vezes, somos possuídos pelas emoções: paralisamos de medo, desestabilizamos de raiva, ficamos oprimidos pela tristeza ou somos impulsionados pela alegria. Na maioria das vezes, elas subvertem o raciocínio e desconsideram o idealizado, o supostamente certo ou o adequado. Em segundos, temos atitudes das quais nos arrependemos pelo resto da vida, ou fazemos algo que mudará nossa história definitivamente.

Desejamos anulá-las, tamanho constrangimento e impotência que vivemos frente às emoções. Agimos tal qual o professor que tendo dificuldade em lidar com o aluno rebelde, "soluciona" tirando-o da sala de aula. Mas ao fazermos isso, mais constrangidos elas nos deixam, pois não se submetem à reclusão imposta, e, por isso mesmo, se exasperam.

A abordagem científica, pautada na Psicologia do inconsciente, estimula a superação da conduta repressiva, dicotômica e maniqueísta que impede o sujeito de se trabalhar interiormente. Mais do que isso, aprendemos que conhecer o que estamos sentindo nos faz conhecer a nós mesmos.

Então, aos poucos, vamos aprendendo a modificar as posturas de anulação, eliminação e exclusão por conscientização, cuidado e direcionamento. Constatamos que podemos superar o embate repressor e atuar de maneira mais saudável e produtiva em relação às nossas emoções.

O Espiritismo, em consonância com a ciência psicológica, mostra-nos que as emoções são potências da alma, e eliminá-las é o mesmo que tentar destruir uma fonte divina em nós. Como tal, precisam de direcionamento correto como a água do rio que, se canalizada adequadamente, torna-se benefício para toda a comunidade. Porém, quando o fluxo natural é interrompido, por qualquer motivo, as águas tornam-se destrutivas.

Por isso, o enfoque desse livro pauta-se no "cultivo das emoções".

Cultivá-las não quer dizer alimentar a raiva, o medo ou a tristeza, mas compreender que cada uma delas tem um fluxo natural que precisa ser respeitado. Faz-se necessário observá-las, dialogar com elas e lhes oferecer aquilo de que necessitam para que cumpram com seu sentido divino em nós, tornando-se instrumentos para o crescimento interior e para a felicidade.

Como as nascentes das águas que são criadas por Deus e ofertadas aos homens, as emoções também não são de nossa criação. Entretanto, temos o compromisso e a responsabilidade de bem direcioná-las a favor da construção de um mundo melhor que começa em nós mesmos.

Não apresentamos qualquer novidade. Compusemos essa obra como quem faz um mosaico: estabelecemos por base o pensamento kardequiano; a partir daí, reunimos sobre os temas as sábias palavras do Espírito Joanna de Ângelis, psicografadas pelo médium Divaldo Pereira Franco, distribuídas ao longo de sua *Série Psicológica*[1]; depois, complementamos com outras obras espíritas e alguns autores das ciências das emoções.

As colocações neste livro pretendem ser um eco ainda difuso da sabedoria ímpar de Joanna de Ângelis, considerada fiel servidora do Cristo. A ela seremos eternamente gratos, por nos oportunizar esse encontro seguro entre Psicologia e Espiritismo, traçando um norte para nossas vidas.

Embora haja particularidades de cada emoção, ao abordarmos o medo, a raiva, a tristeza e a alegria, seguimos passos semelhantes: definição, identificação, compreensão à luz do Espiritismo, e à questão do cultivo.

---

[1] - A *Série Psicológica* de Joanna de Ângelis é composta por 16 livros, sendo: *Jesus e a atualidade* (1989); *O homem integral* (1990); *Plenitude* (1990); *Momentos de saúde e de consciência* (1992); *O ser consciente* (1993); *Autodescobrimento: uma busca interior* (1995); *Desperte e seja feliz* (1996); *Vida: desafios e soluções* (1997); *Amor, imbatível amor* (1998); *O despertar do espírito* (2000); *Jesus e o evangelho à luz da psicologia profunda* (2000); *Triunfo pessoal* (2002); *Conflitos existenciais* (2005); *Encontro com a paz e a saúde* (2007); *Em busca da verdade* (2009); *Psicologia da gratidão* (2011).

Para sentirmos em profundidade o tema e estabelecermos o modelo e guia, utilizamos passagens da vida de Jesus, o Jardineiro Divino, que não se furtou ao contato com suas emoções, e cultivou-as adequadamente, ensinando-nos a viver em harmonia com as leis do Pai.

Aventuramo-nos a tratar do tema por termos o compromisso com a construção dos dias melhores da Regeneração. Sabemos que precisamos cultivar esse mundo interior como alguém que cuida de um canteiro. Se assim aprendermos, no tempo certo teremos um belo jardim de emoções, florido e perfumado, para nobreza de nossas almas.

Nossa gratidão inenarrável ao Mestre Jesus que permite a remissão dos nossos equívocos por meio do trabalho no bem.

CAPÍTULO UM

O ESPIRITISMO E AS EMOÇÕES

KARDEC E AS EMOÇÕES

As emoções chamam a atenção de estudiosos e pesquisadores do comportamento humano, cada vez mais, por perceberem que elas se encontram na base das principais ações tanto construtivas quanto destrutivas.

Muito antes dos dias atuais, Allan Kardec já se mostrava um grande estudioso das emoções, debruçando-se sobre a compreensão psicológica do ser humano. Querer separar o Espiritismo da Psicologia é tentar formalizar uma Doutrina Espírita sem alma, uma religião sem nexo causal nem teológico, uma ciência sem objeto.

Kardec foi explícito nesse sentido, desde o início de suas pesquisas. Sabemos que já na primeira publicação da **Revista espírita** estava sacramentada essa união, ao ser subtitulada de *Jornal de Estudos Psicológicos*. E o que mais admiramos no trabalho codificado por ele é a sua capacidade de aprofundamento a respeito do homem integral. Fez isso antes mesmo da Psicologia estabelecer suas bases científicas e adentrar a sociedade como hoje a conhecemos. Muitos anos antes do pai da psicanálise, Sigmund Freud (1856-1939) e Carl Gustav Jung (1875-1961) – o grande desbravador do inconsciente coletivo.

Na introdução da **Revista espírita**, consta uma importante explicação:

> Nosso quadro, como se vê, compreende tudo o que se liga ao conhecimento da parte metafísica do homem; estudá-la-emos em seu estado presente e em seu estado futuro, porquanto estudar a natureza dos Espíritos é estudar o homem, tendo em vista que ele deverá fazer parte, um dia, do mundo dos Espíritos. Eis porque acrescentamos, ao nosso título principal, o de jornal de estudos psicológicos, a fim de fazer compreender toda a sua importância.[1]

Consideramos metafísica, nesse caso, tudo que se relaciona, em alguma medida, às manifestações de ordem psíquica. Isto pode parecer óbvio e até mesmo redundante por ser um conceito não redutível à matéria, mas libertar a psique de se tornar um epifenômeno do cérebro é um esforço recente e de importância fundamental, para se avançar nesse campo onde psique e matéria ainda são mistérios para nós.

Na conclusão de **O livro dos espíritos**, em uma grande síntese doutrinária, Allan Kardec estabelece três momentos para as ideias espíritas:

> O primeiro, o da curiosidade, provocada pela singularidade que os fenômenos produzem; o segundo, o do raciocínio e da filosofia; o terceiro,

o da aplicação e das consequências. O período da curiosidade já passou, pois dura pouco tempo e, uma vez satisfeita, muda de objeto. O mesmo não acontece com o que se dirige ao pensamento sério e ao raciocínio. O segundo período já começou e o terceiro o seguirá inevitavelmente.[2]

Não cremos que o primeiro momento esteja de fato ultrapassado, posto que o número de pessoas que procura o Espiritismo em busca de fenômenos ainda é muito grande. Há palestrantes que arregimentam grande público, mas qualquer um desses eventos será menor que o número de curiosos interessados em uma sessão de materialização, por exemplo.

O segundo período estabelecido por Kardec é o da filosofia e do raciocínio, enfocando o ensino-aprendizagem do Espiritismo. Apreender os conceitos doutrinários é importante, pois assim se estabelece a base segura, a explicação dos fenômenos, o entendimento da teoria. Mas, o simples domínio do conhecimento não é o seu fim.

O terceiro momento trata da vivência dos conceitos. Não há um estudo filosófico por si, ou seja, a finalidade do Espiritismo não é formar doutores na sua ciência. A filosofia ensina a pensar, para que esse novo pensamento conduza a uma nova forma de interpretar o mundo e de agir. Afinal, de nada adiantaria um grande conhecedor de Doutrina Espírita sem obras e sem transformação moral.

Por ser o terceiro e último momento é que afirmamos ser o objetivo do Espiritismo: suas consequências morais e sua aplicação.

Podemos discursar perfeitamente sobre o perdão, apresentando teorias e orientações que exigem o raciocínio e o domínio da oratória. Somos capazes de aconselhar e dirigir a existência dos outros. Porém, vivenciar esses conhecimentos em profundidade, sem máscaras ou escamoteamentos, é diferente – essa é a dimensão psicológica essencialmente, o mundo dos sentimentos e das emoções.

O Codificador chama a atenção para a educação moral afirmando:

> ... quando se conhecer a arte de manejar os caracteres, como se conhece a de manejar as inteligências, poder-se-á endireitá-los, como se faz com as plantas novas. Mas essa arte exige muito tato, muita experiência e profunda observação.[3]

Ali, ele estabelece categoricamente a diferença entre o desenvolvimento intelectual e o moral, mostrando-nos que a dimensão intelectual, sem a completude moral do processo educacional é vazia.[II]

[II] - Discutimos sobre essa suposta transformação através da intelectualização na obra *Refletindo a alma: a psicologia espírita de Joanna de Ângelis* (2011), cap. 15: "Transformação Moral – um processo psicodinâmico".

Cultivo das Emoções

Aprender a lidar com as emoções é aprender a arte de manejar os caracteres, de se transformar internamente. Ao convite do Codificador, precisamos nos debruçar sobre essa chave do progresso moral, buscando recursos diferenciados para acrescentar ao desenvolvimento do intelecto. Jamais nos posicionaremos contra a intelectualidade, e precisamos ainda estudar muito mais para compreendermos os ensinamentos ali exarados, mas fazemos a ressalva que o objetivo do Espiritismo é usar do intelecto para conduzir o homem à transformação moral. E mais, não precisamos absorver todo o conhecimento para, depois, tentarmos aplicar. Precisamos aprender a ler, estudar e refletir acerca da Doutrina Espírita, seja individual ou em grupo, de modo a chegarmos à sua aplicação. Essa é uma etapa à frente, que não rejeita ou critica a anterior, mas sim, usa dela como base para impulsionar o desenvolvimento moral.

Ainda mais explícito o Codificador se faz em **A gênese**, referindo-se a essa nova fase que o planeta Terra deve adentrar: "... não é somente de desenvolver a inteligência o de que os homens necessitam, mas de elevar os sentimentos".[4] Entendemos, por essa colocação, que o grande diferencial dos mundos de regeneração está diretamente ligado à esfera emocional.

Neste mesmo capítulo – "São chegados os tempos" – declara que a humanidade tem realizado incontáveis progressos, alcançando com sua inteligência resultados que jamais havia alcançado, sob o ponto de vista das ciências, das artes e do bem-estar material, mas resta ainda esse imenso progresso a realizar em torno da moralidade. Reforça, outrossim, que o progresso intelectual realizado até o presente, nas mais largas proporções, constitui um grande passo e marca uma primeira fase no avanço geral da humanidade, porém é impotente para regenerá-la, ou seja, para elevar o planeta na hierarquia dos mundos. Enquanto o egoísmo e o orgulho dominarem a paisagem humana, o homem se servirá de sua inteligência e dos seus conhecimentos para satisfazer unicamente a suas paixões e interesses pessoais.[5]

Vemos que o intelecto, sozinho, é incapaz de eliminar as mazelas da alma, de tornar o homem verdadeiramente melhor. O raciocínio é uma etapa necessária, mas não é o fim, pois toda mudança de comportamento precisa passar pela dimensão profunda da psique humana.

Por fim, queremos ressaltar a resposta que os espíritos dão ao Codificador, afirmando que o autodescobrimento é a forma prática mais eficaz que tem o homem de se melhorar nessa vida e de não ser arrastado pelo mal.[6]

Identificamos ali a presença latente da Psicologia que ainda viria, para bem mais compreendermos os ensinamentos exarados na Codificação. E intuímos que, possivelmente, os nobres espíritos que respondiam e orientavam a Codificação, tinham domínio da ciência psicológica que ainda não havia aportado no plano material.

Hoje, a Psicologia ensina-nos que as virtudes se desenvolvem de dentro para fora. Percebemos que as imposições de comportamentos ou negações dos mesmos não constroem um homem de bem. Ninguém se torna humilde assimilando condutas de pessoas humildes, assim como ninguém se torna brando e pacífico "engolindo a raiva" ou camuflando seu orgulho. Identificamos também que o sentimento não se submete às simples imposições do intelecto, e que ninguém deixa de sentir inveja ou ciúmes porque sabe que não deveria senti-los – podemos apenas camuflá-los.

Os estudos psicológicos têm oferecido bases cada vez mais profundas e seguras para o processo de transformação moral, e por isso precisamos nos deter nas ciências que não estavam à disposição ao tempo de Kardec. Hoje, elas são novos instrumentos para olharmos com mais profundidade para o que está implícito em todo o trabalho kardequiano.

Se o autodescobrimento é buscar o que desconhecemos em nós e que atua sem consentimento, compreender um pouco mais da Psicologia do Inconsciente torna-se um verdadeiro compromisso moral.

Mergulhar na dinâmica da alma nos instrumentaliza a relacionarmo-nos mais profundamente com a Doutrina reveladora, interpretando-a em sua grandiosidade e sabedoria, para que penetre no âmago de nosso ser e nos transforme, reforçando seu papel de Consolador Prometido.

CIÊNCIA ESPÍRITA E CIÊNCIAS HUMANAS

Na *Revista espírita*, edição de 1868, encontramos a preocupação de Kardec com o futuro do Espiritismo e de assegurar sua unidade. Nesse quesito, apresenta o caráter essencialmente progressivo da Doutrina e explica:

> Apoiada tão-só nas leis da Natureza, não pode variar mais do que estas leis; mas, se uma nova lei for descoberta, tem ela que se pôr de acordo com essa lei. Não lhe cabe fechar a porta a nenhum progresso, sob pena de se suicidar. Assimilando todas as ideias reconhecidamente justas, de qualquer ordem que sejam, físicas ou metafísicas, ela jamais será ultrapassada, constituindo isso uma das principais garantias de sua perpetuidade.[7]

Embora essa questão seja delicada, pouco discutida e menos ainda compreendida no Movimento Espírita, pela falta de entendimento do que seja o *desenvolvimento científico*, verificamos claramente nas palavras do Codificador a preocupação de que a ciência espírita dialogue com as demais ciências para não correr o risco de se aniquilar.

"Desenvolver" não pressupõe mudar a estrutura ou descaracterizá-la, mas sim,"fazer crescer, tornar mais forte; aumentar a capacidade ou possibilidade; conduzir para um estado mais avançado ou eficaz".[8]

O Espiritismo tem atualmente sua base solidificada em conceitos claramente exarados na Codificação. Favorecer seu desenvolvimento, dentro dessa definição, é ampliar o entendimento a respeito do que já está posto, e nisso as ciências muito podem contribuir.

Todas as obras, artigos, pensamentos e reflexões espíritas sérias, que vieram depois de Kardec, permitiram bem mais compreensão dos ensinamentos contidos na Codificação. E como grande cientista, Kardec estabeleceu que não devemos "fechar as portas" ao progresso. É preciso caminhar lado a lado com as ideias reconhecidamente justas, que garantam a perpetuidade da Doutrina.

Falta ainda compreender o que é uma ciência. Define-se como "O corpo de conhecimentos sistematizados que, adquiridos via observação, identificação, pesquisa e explicação de determinadas categorias de fenômenos e fatos, são formulados metódica e racionalmente".[9]

Compreendendo as palavras de Kardec, podemos crer no caráter progressivo da Doutrina, mas ainda podemos burilar o entendimento a respeito do que seja "Ciência" para nos aproximarmos da amplitude de seu pensamento.

Cultivo das Emoções

É comum ao pensar em ciência, nos atermos aos métodos quantitativos que nos dão a sensação de mais certeza a respeito dos fenômenos. Essa vertente é importante e conduz a pesquisas importantes na área da comprovação da imortalidade da alma, da reencarnação, do perispírito, baseando-se em instrumentais da Física, da Matemática, da Química etc.

Sem qualquer sombra de dúvida, as pesquisas das áreas exatas fazem parte do acréscimo que a ciência materialista pode proporcionar aos estudos espíritas, porém o caráter progressivo do Espiritismo é muito mais amplo.

A Psicologia, a Filosofia, a Sociologia e a Antropologia, entre outras, constituem o campo das Ciências Humanas. Pelo *status* de verdade que hoje conquistaram, e principalmente pelas contribuições que oferecem à compreensão do ser humano, embora não pautadas por inteiro em métodos quantitativos, merecem muito da nossa atenção enquanto estudiosos da alma.

O estudo das Ciências Humanas contribui para que o Espiritismo caminhe em direção ao futuro, visando ao seu inesgotável progresso. Elas não mudam a Doutrina Espírita, nem a complementam. O Espiritismo já se encontra solidamente constituído, e não carece de qualquer tipo de acréscimo. O que as ciências podem fazer é desdobrar os aspectos ali estabelecidos, analisando-os por outras facetas, proporcionando instrumentos de compreensão de certos aspectos, como um microscópio instrumentaliza um olhar aprofundado daquilo que não pode ser visto a olhos nus.

Atualmente, dizemos que não há Espiritismo sem Psicologia, sob o risco de sermos superficiais quanto ao entendimento da Doutrina Kardequiana. Mas essa assertiva não se restringe à Psicologia. Também ponderamos que não existe Espiritismo profundo e sério sem Filosofia, Pedagogia, Sociologia, Antropologia e tantas outras vertentes científicas que estiveram presentes na mente do Codificador antes mesmo da formalização do Espiritismo, norteando seu raciocínio para inquirir os espíritos luminares, para suas análises e sínteses do conhecimento, para seu método e sua apresentação. Qualquer um que conheça um pouco mais sobre a vida de Hippolyte Léon Denizard Rivail verificará a presença das Ciências Humanas ao longo de todo seu trabalho relacionado à Doutrina Consoladora.

Esse grande estudioso das ciências, que ficou conhecido pelo pseudônimo de Allan Kardec, antevia a necessidade de embasamento científico quando codificou o Espiritismo e o manteve estribado nas ciências da época, nos estimulando a assim procedermos de modo a não ficarmos ultrapassados. A exemplo disso, vemos hoje determinadas religiões que, por permanecerem fechadas em si, não desdobrando nem aprofundando seus postulados e suas práticas, tornaram-se obsoletas frente ao desenvolvimento do homem moderno.

Temos certeza que o Espiritismo só teve a abrangência, a solidez e a seriedade que hoje admiramos, porque Kardec teve o discernimento e a coragem de harmonizar os novos estudos da alma às abordagens científicas disponíveis. Então, por que nós, atualmente, deixaríamos de seguir seu exemplo?

Não podemos nos enganar acreditando que as ciências de diferentes áreas estejam fora da Casa Espírita. Elas fazem parte de nossas ações por estarem diretamente ligadas à vivência do cotidiano, da vida em sociedade, a exemplo da interface Espiritismo e Ecologia, conduzindo-nos às reflexões sobre o homem e o meio ambiente, ou de todo trabalho desenvolvido pelas Associações Médico-Espíritas, repercutindo em mais compreensão a respeito do fenômeno saúde-doença.

Além disso, encontramos nas ciências convergentes desdobramentos teóricos, instrumentos metodológicos e orientações específicas que dão mais consistência e precisão às práticas doutrinárias. Um palestrante que seja doutrinariamente correto, mas sem mínimas noções da técnica expositiva transformará seu discurso em algo entediante, cansativo e desestimulante aos presentes. Entretanto, se essa mesma pessoa organizar uma apresentação didaticamente bem elaborada, com recursos audiovisuais adequados, postura e domínio da oratória, certamente conseguirá apresentar a Doutrina Espírita de forma mais empolgante.

Nenhuma dessas técnicas é encontrada nas obras kardequianas, afinal o objetivo do Codificador era o de apresentar a teoria espírita. Nem por isso devemos nos privar desses conhecimentos sobre oratória ou informática, sob o risco de prejudicar as atividades doutrinárias.

Estudamos Pedagogia para bem mais elaborar o ensino a ser ministrado às crianças e compreender o seu desenvolvimento. Como trabalhamos com crianças e adultos, precisamos compreender o processo de aprendizagem de cada faixa etária. Exemplo claro dessa falta de conhecimento é o fato de alguns evangelizadores desinformados ainda tratarem a criança como um adulto em miniatura, exigindo dela habilidades intelectuais que não possui, em decorrência do seu estágio de desenvolvimento neurológico e/ou moral. Por isso, muitas vezes, não conseguem obter resultados significativos e impedem que a Doutrina alcance seus objetivos, gerando superficialidade de aprendizado, quando não, a evasão do aprendiz. E isso não acontece pela precariedade da Doutrina Espírita, mas sim, pela falta de preparo técnico por parte do evangelizador, que ainda não aprendeu a trabalhar, de modo efetivo, com crianças pequenas.

O mesmo raciocínio se aplica àqueles que pretendem inserir uma "educação livresca", exigindo que os integrantes do grupo de estudo, chamados de "alunos", decorem a "matéria", por acreditarem ser a melhor forma de desenvolver a aprendizagem, ou os que dão "aula" de Espiritismo, como se estivessem nas escolas antigas, com metodologias ultrapassadas para os aprendizes da atualidade. Sendo assim, verificamos que quanto mais estudarmos as ciências pedagógicas, mais efetivos seremos nesse processo, como verdadeiras pontes permitindo ao Espiritismo cumprir com seu papel.

Cultivo das Emoções

Muito temos estudado a respeito da Assistência Social no Movimento Espírita. Fazemos, e devemos assim proceder, para compreendermos mais a condição social dos assistidos e executarmos nossas atividades com essa população. Somente compreendendo os tipos de assistências, poderemos distinguir aqueles que mais efetivamente beneficiam os necessitados, daquelas práticas ineficazes para os dias atuais.

Agindo assim, promovemos a união entre a ciência atual e o Espiritismo, conforme a orientação de Allan Kardec.

Nessa linha de raciocínio, afirmamos que, se a meta do Espiritismo é conduzir a humanidade na senda da evolução, numa mudança efetiva de comportamento, devemos estar profundamente conectados aos estudos psicológicos. Afinal, não há o que chegue ao comportamento que não passe pela psique. Destrinchar esse processo é trabalho da Psicologia.

Os estudos psicológicos são indispensáveis ao Espiritismo por oferecerem algumas "novas leis" referidas pelo Codificador. A Psicologia já desvendou importantes conhecimentos a respeito do comportamento humano ao tratar, por exemplo, da dinâmica da repressão, do processo catártico e do inconsciente. Esses autores ofereceram novas perspectivas de análise do comportamento humano que nós espíritas não podemos descartar, sob o risco de ficarmos ultrapassados, como anunciou o Codificador.

Hoje temos instrumentos para compreendermos mais o comportamento humano, da criança ao idoso, em suas dimensões de saúde e doença mental, bem como as relações e seus entraves, seu processo de desenvolvimento moral, esse é o trabalho da Psicologia.

Joanna de Ângelis, por meio de sua *Série Psicológica*, trouxe as Ciências Psicológicas para o Centro Espírita, mas fez como quem busca instrumentos apurados para um trabalho minucioso. Por isso, é importante ressaltar que seria um grande equívoco implantar um estudo de Psicologia em nossas instituições religiosas. A Psicologia tem um espaço específico, e aquele que deseja estudá-la deve buscar uma instituição habilitada para essa formação. Da mesma forma, esses grupos de estudo, mesmo tendo efeitos terapêuticos, não substituem a psicoterapia que muitos necessitam.

Querer igualar o Espiritismo à prática da psicoterapia é um grande equívoco. Na mesma proporção, comete uma falta ética o psicoterapeuta que prega o Espiritismo em seu ofício. Cada prática tem seu lugar.

ESPIRITISMO E PSICOLOGIA DAS EMOÇÕES

Como afirmamos, as emoções fazem parte do escopo doutrinário desde o início da Codificação.

A palavra "emoção" foi pouco usada por Kardec. Em **O livro dos espíritos** encontramos apenas duas citações referentes ao termo.[III]

Contudo, a vida emocional foi profundamente e amplamente estudada por ele em todas as obras básicas. Mas, frente a toda obra, queremos ressaltar a pequenina e ao mesmo tempo magnífica reflexão acerca das paixões, por passar despercebida pela maioria.

O insigne Codificador, reconhecendo que o princípio das paixões está na Natureza, questiona se ele será mal em si mesmo. Os Espíritos luminares respondem que não e afirmam: "O abuso que delas se faz é que causa o mal".[10]

[III] - No Índice Geral da edição comemorativa de 150 anos de *O livro dos espíritos*, não há o verbete "emoção". O termo é usado uma única vez na décima quinta parte da Introdução, pelo próprio Allan Kardec, e o termo emoções também foi citado apenas uma única vez no comentário à resposta 452, referindo-se, nas duas, à comoção ou excitação.

Nos comentários à questão seguinte o próprio Kardec explica que:

> As paixões são alavancas que decuplicam as forças do homem e o auxiliam na execução dos desígnios da Providência. Mas, se em vez de dirigi-las, deixa que elas o dirijam, o homem cai nos excessos e a própria força, que em suas mãos poderia fazer o bem, recai sobre ele e o esmaga.[11]

De modo muito preciso ele esclarece, mais à frente, que todas as paixões têm seu princípio num sentimento ou numa necessidade natural. Então, o problema não está na vivência dessas paixões, mas sim na forma como vivemos e no caminho que oferecemos para elas em nossas vidas. Torna-se um mal quando tem como consequência um mal qualquer.[IV]

[IV] - Na questão 911 de *O livro dos espíritos*, os luminares respondem ao Codificador que o indivíduo que procura reprimir suas paixões compreende sua natureza espiritual. Queremos apenas contextualizar a colocação dos Espíritos referente à expressão *reprimir* para não chegarmos a conclusões equivocadas. Primeiro, que o termo àquela época, não se tratava da repressão freudiana que abordaremos aqui, posto que a teoria psicanalítica surgiria muitos anos depois. Segundo, *reprimir*, enquanto uso na língua portuguesa, refere-se a *conter uma ação ou movimento*, ou seja, está perfeitamente adequada ao contexto da análise kardequiana que tratava da forma de não sermos tomados pelas paixões, e também, de acordo com a perspectiva do *cultivo das emoções*, que se refere a não permitir que as emoções cresçam sem medida e direção, necessitando, na maioria dos casos, de uma poda regular – isso faz parte das "novas leis" que a ciência descobriu, proporcionando um progresso a que Kardec disse deveríamos estar atentos.

Desde os primeiros dias do Espiritismo já temos ali a postura humanizada da Doutrina, que muito tempo depois Joanna de Ângelis veio resgatar. Mas, qualquer um que se atente às palavras do Codificador encontrará as expressões de uma Psicologia que ainda não havia surgido.

E até hoje não entendemos Kardec... Temos adoecido fisicamente pela falta de habilidade com a vida emocional pulsante em nós. As relações têm sofrido grandes prejuízos. O lar se abala pelo desequilíbrio interior. A vivência religiosa adultera-se pela falta de contato com nossas próprias emoções, sendo dirigidas por eles em vários momentos.

Nesse contexto é que a humanidade foi agraciada pelos livros ditados pelo Espírito Joanna de Ângelis, psicografados pelo médium Divaldo Pereira Franco.

Embora a primeira obra da *Série Psicológica* tenha sido publicada em 1989 (**Jesus e a atualidade**), e a última em 2011 (**Psicologia da gratidão**), todos os textos da mentora espiritual têm essa verve psicológica. Identificamos que desde a primeira obra de Joanna de Ângelis, **Messe de amor** (1964), já estavam estabelecidas as suas intenções de conduzir a humanidade a outro patamar moral, por meio dos estudos psicológicos, em que tratou de questões tais quais: solidão, queixas, inveja, reclamações, tolerância, humildade, entre outras.

Posteriormente, após consolidação das bases psicológicas em suas obras, Divaldo revelou que a mentora havia dedicado mais de 50 anos ao estudo de Psicologia, Psicanálise e Psiquiatria, no plano espiritual, para nos oferecer os resultados do seu precioso trabalho.

Joanna de Ângelis é uma grande colaboradora de Jesus, nos aproximando mais da vivência evangélica e das Leis Morais, por meio do diálogo entre a Psicologia e o Espiritismo.

Reconhecemos que chegamos a um momento de nossa evolução moral em que já temos o discernimento do bem e do mal. Embora ainda pratiquemos o mal, mesmo que de maneira não intencional e inconsciente, conseguimos discernir sobre os caminhos mais adequados que deveríamos tomar. Contudo, justamente em decorrência de nossa "estatura" moral, não conseguimos viver de pleno acordo e consonância com tudo aquilo que a inteligência já conseguiu compreender.

Certamente, que muito ainda temos a caminhar no sentido da compreensão das leis imutáveis do Universo, entretanto, não podemos negar que já temos noções claras do adequado e do inadequado, do devido e do indevido. E, se por vezes tentamos anestesiar nossa moralidade, basta aquietar o pensamento para a consciência rapidamente nos incitar à revisão de conceitos e posturas. Mas como nossa alma não se submete ao raciocínio, acabamos por escamotear os nossos defeitos e camuflar as imperfeições e ainda agimos, em inúmeras situações, de modo contrário a tudo que sabemos.

Por isso, compreendemos que a abordagem de Joanna de Ângelis veio em um tempo precisamente determinado pela Espiritualidade Superior. Chegou para ensinar uma forma mais adequada de vivermos nesse nível evolutivo em que não mais nos satisfazemos com o mal, mas sabemos que ele predomina em nós e que ainda estamos muito distantes dos espíritos puros que um dia seremos.[V]

Dizemos que isso é humanização: se não conseguimos anular o mal que vive em nós, posto que é característica do homem da Terra e ainda estará presente nos mundos regenerativos, precisamos descobrir outros modos de nos relacionar com as imperfeições morais que não sejam a aceitação indiscriminada e acomodada delas em nós.

Entendemos que Joanna de Ângelis vem nos instrumentalizar para esses novos tempos onde já temos certo entendimento do que seja bem e mal, e não podemos continuar a viver inadvertidamente o equívoco.

Aceitar nossa inferioridade ou limitação moral não significa nos vangloriar por isso ou pouco fazermos para mudar. Precisamos, sim, compreender qual é a direção dessa mudança. Temos mudado para fora, mas a mentora vem clarificar o que Kardec já anunciou, ensinando-nos a fazer uma mudança para dentro, encontrando em nós mesmos outras formas de nos relacionar com o mundo interior.

[V] - Sugerimos a leitura do nosso capítulo "O contexto e o convite da jornada", na obra *Espelhos da alma: uma jornada terapêutica*, de Divaldo Franco (espírito Joanna de Ângelis) & Núcleo de Estudos Psicológicos Joanna de Ângelis (NEPJA), lançada em 2014.

Então, como dissemos, mais do que nunca, este é o grande momento de estudarmos nossas emoções e nos dedicarmos a esse mundo desconhecido de nossa interioridade, visando ao crescimento e à verdadeira transformação moral.

Estudá-las na Casa Espírita, de maneira responsável e comprometida, sem a intenção de substituir os consultórios psicológicos, tem se tornado um compromisso para nós espíritas. Somos convidados a contribuir com essa mudança planetária, mesmo que singelamente, porém cada vez mais efetivamente.

O que aprendemos com Joanna de Ângelis é que o Centro Espírita também é um hospital de almas. Portanto, um espaço terapêutico onde oferecemos valiosas contribuições para o reequilíbrio da criatura humana açodada por inúmeras aflições. "Em razão da sua finalidade precípua, que é libertar os assistentes da ignorância da sua realidade, as realizações doutrinárias caracterizam-se como psicoterapias valiosas". Entretanto, mais à frente esclarece:

> O cuidado deverá ser em não o transformar em uma clínica psicológica ou que faculte a aplicação de terapias alternativas, afastando-o dos objetivos espirituais para os quais foi criado esse núcleo de amor e de ação caridosa quão fraternal.[12]

Cultivo das Emoções

Não pense o leitor desavisado que ao estimularmos o estudo das emoções na Casa Espírita nos contrapomos a qualquer estudo já realizado, ou ambicionamos nova estrutura doutrinária. Isso seria um grande equívoco.

Quando questionamos a mentora sobre o estudo das emoções na Casa Espírita, ela assim esclarece:

> A sociedade espírita é, antes de tudo, uma escola para a educação das almas. Inicialmente, tem por meta o estudo da Codificação Espírita, a fim de instruir os seus adeptos em torno dos objetivos doutrinários e do comportamento que conduz à saúde integral. Como as emoções fazem parte do programa de educação pessoal, é natural que um estudo cuidadoso em torno das mesmas e dos melhores métodos para canalizá-las de maneira edificante, seja proposto na programação da formação do caráter do homem e da mulher de bem, a fim de aprenderem a agir com sabedoria ante os desafios, ao invés de reagirem pelos impulsos do automatismo primário que resulta das emoções básicas não disciplinadas, gerando complicações mais graves. Esses estudos, dessa forma, fazem parte do programa de educação moral, formador do caráter.[13]

Por isso, dizemos que o estudo das emoções na Casa Espírita é um acréscimo ao entendimento doutrinário e não um acréscimo à Doutrina que já está posta. Os conhecimentos obtidos por meio da ciência psicológica permitem-nos analisar os ensinamentos espíritas por um ângulo cada vez mais humanizado, livre das máscaras e imposições que nos distanciam da verdadeira transformação moral.

Vejamos um exemplo: fixados nos conceitos morais, sabemos que ser conduzidos unicamente por nossos impulsos sexuais é insanidade. O Espiritismo deixa muito claro qual é a meta em relação à sexualidade enquanto uma energia da alma. Porém, há mais de cem anos, Freud, estudando o inconsciente, ofereceu ao longo de toda a sua obra a brilhante conclusão: reprimir os impulsos sexuais não significa eliminá-los, muito menos, equilibrá-los. Eles continuam influenciando o comportamento humano de maneira inconsciente, sorrateiramente, gerando sintomas e constrangimentos aparentemente de outra ordem.

Percebemos que Freud não nos deu o direcionamento de como viver a sexualidade de maneira harmoniosa conforme entende o Espiritismo. A Doutrina Consoladora apresentou didaticamente as Leis Morais e estabeleceu direcionamento seguro para a felicidade. No entanto, a Psicanálise esclareceu formas de alcançar esse objetivo, explicando, por exemplo, a diferença entre sublimação e repressão.

Sem o conhecimento do inconsciente, da dinâmica da psique e do desenvolvimento da libido, ainda estaríamos presos aos dogmas proibitivos, crendo-nos resolvidos em determinado tema, sem termos a menor noção dos prejuízos futuros que geramos para nós mesmos.

A Psicanálise trouxe luz a respeito desse e de vários outros temas doutrinários, sem exigir formação profissional, porém sem descartar a necessidade de noções mínimas de Psicanálise, para usufruirmos dos conhecimentos doutrinários em sua essência.

Como lidar com os sentimentos e como auxiliar as pessoas no processo de transformação moral – objetivo último do Espiritismo – sem o conhecimento do funcionamento emocional e psicológico?

O espírito Joanna de Ângelis não traz nenhum propósito diferente ao Espiritismo, sendo extremamente fiel a Kardec e a Jesus. O que a mentora faz é ampliar o entendimento acerca do que já está posto. Não é ampliação da teoria, mas sim, da compreensão, ou seja, um aprofundamento do olhar a respeito dos aspectos morais estabelecidos na Doutrina Consoladora.

O Evangelho já elucidou os prejuízos da culpa. Porém, não há como resolver seu estado de culpa porque alguém lhe disse que não deve se culpar. Esse é um movimento da alma que não se submete ao raciocínio – sabemos, mas não conseguimos fazer. A Psicologia, contudo, aliada ao Espiritismo, esclarece que a culpa que estagna o indivíduo é narcísica, ou seja, é orgulhosa porque o sujeito coloca-se no centro de tudo e no papel de quem não poderia errar. A partir desse novo olhar fica mais fácil lidar com a culpa, por entender que ela não é uma postura em si, mas resultado da atitude egocêntrica e infantil que temos frente à vida. Certamente, à medida que vamos "saindo do centro", e assumindo nosso papel no mundo, naturalmente vamos sentindo menos culpa, mais responsabilidade e crescemos moralmente.

    Aprendemos que é preciso tolerar as pessoas, mas sempre nos incomodamos com algumas em específico. Quando queremos nos obrigar a tolerar, ou nos tornamos arrogantes menosprezando o outro, ou toleramos pela frente para criticar por trás. O conhecimento sobre o funcionamento psíquico nos mostra que, geralmente os padrões que nos incomodam no comportamento alheio têm relação com a nossa vida interior desconhecida. Assim, a Doutrina Espírita aliada à Psicologia nos ensina que, para tolerarmos verdadeiramente uma pessoa, primeiro precisamos identificar a nascente do incômodo pessoal e tomarmos consciência das próprias imperfeições; então, por consequência direta conseguimos amar aos demais.

    Sabemos que precisamos ser caridosos e tentamos de todas as formas, doando o que temos, desde o dinheiro até o tempo. Mas, a análise psicológica nos faz pensar nas intenções que podem ter por trás de muitos comportamentos ditos caridosos, entre elas, o orgulho e o egoísmo, dando agora para receber depois. Assim, essa comunhão entre as duas Ciências, na Casa Espírita, ensina-nos a observação profunda acerca de nosso comportamento, analisando os refolhos da alma para não corrermos o risco de nos acreditar melhores do que verdadeiramente estamos.

Os estudos sobre as emoções vêm nos exigir um passo a mais no processo de equilíbrio interior, responsabilizando-nos por nosso estado da alma e nos tirando da superficialidade da transformação moral.

É claro que, para compreendermos e bem mais divulgarmos os conhecimentos oferecidos pela mentora Joanna de Ângelis, necessário se faz que nos dediquemos ao estudo da Psicologia, do mesmo modo para entender alguns textos do Espírito André Luiz é preciso conhecer um pouco de Medicina, sob o risco de desentendimento da mensagem por completo.

Temos que Joanna de Ângelis é uma trabalhadora das primeiras horas, fiel servidora de Jesus e seguidora dos passos do nobre Codificador, proporcionando-nos aprofundar cada vez mais na ciência da alma. Por isso, nos honramos em ser o eco dessa alma de inigualável valor, a quem rendemos nossa infinita gratidão por rasgar o véu da ignorância material e conciliar de maneira tão profunda e irretocável a Ciência Material e a Ciência da Alma.

CAPÍTULO DOIS

AUTODESCOBRIMENTO

CONHECE-TE A TI MESMO

O autodescobrimento é base do trabalho sobre emoções por ser o aspecto primeiro do processo de transformação moral e, dizemos mais, é uma condição, um pré-requisito para que exista a verdadeira mudança para melhor.

A proposta de conhecer-se a si mesmo, como fundamento para uma vida mais plena, data dos tempos antigos.

Embora Sócrates não seja o autor da frase "Conhece-te a ti mesmo" ele a imortalizou. O grande filósofo ateniense deparou-se com a expressão ao visitar o Santuário de Delfos. No pórtico do grande templo estava escrito: "Ó homem, conhece-te a ti mesmo e conhecerás os deuses e o universo". Estudos históricos especulam que a data de fundação do templo está entre 1100 a.C. e 750 a.C., e que a inscrição é de 650 a.C., atribuída aos Sete Sábios.[VI] O sítio arqueológico de Delfos hoje é considerado patrimônio mundial pela Unesco.

O autoconhecimento é o fundamento da filosofia socrática e tem grande influência no pensamento

---

[VI] - Tales de Mileto, Periandro de Corinto, Pítaco de Mitilene, Bias de Priene, Cleóbulo de Lindos, Sólon de Atenas e Quílon de Esparta.

atual. O filósofo ensinou a humanidade a questionar, muito mais que se preocupar com respostas, que geralmente são superficiais. Por meio de novas perguntas, chega-se a descobertas mais profundas e verdadeiras a respeito de nós mesmos. A questão essencial é: "Quem sou eu"?

O autodescobrimento revela-se por um comportamento de abertura ao novo, sobre nós. Conhecer a si próprio é o caminho para conhecer os deuses e o universo, diz o templo. É libertar-se da ignorância vigente, presa às exterioridades, às *personas*... É descobrir-se profundo, além do que mostramos e, principalmente, do que vemos em nós.

Delfos também é conhecido como o templo do deus Apolo. Na mitologia grega, ele é a divindade do "Conhece-te a ti mesmo" e do "Nada em demasia", e por isso seu nascimento representa novo tempo, uma necessidade da época, do surgimento da consciência. Deus solar, fiel representante de Zeus, ao matar a grande serpente que dominava o templo, simboliza a libertação da hipertrofia das forças naturais, pois a serpente, segundo Jung, representa também a natureza terrena do ser humano da qual não tem consciência.[14]

O autodescobrimento é um chamado antigo, e para nós cristãos foi reforçado pelas palavras do Nazareno ao dizer: "E conhecereis a Verdade e a Verdade vos libertará".[15]

Entendemos que Jesus se referia a muitas verdades que ainda precisamos acessar. Entre elas, a verdade interior. Estamos aprisionados em nós mesmos, perdidos, ainda buscando alternativas exteriores que não nos preenchem. Debatemo-nos entre a preocupação com a aparência e a *performance* comportamental. Buscamos aplausos, aceitação, valorização profissional, familiar, pessoal, porém nada disso realmente nos liberta. Continuamos a busca para fora, mudando de cônjuge, de profissão, de grupo, de religião, de amigos... Temos filhos, aumentamos os salários, investimos no esculpir de nossos corpos, mas todas são ações secundárias, tanto quanto inúteis à verdadeira realização interior.

Não há como preencher com as coisas do mundo um ser humano vazio de si mesmo. Essa é uma das verdades que precisamos acessar – a verdade a nosso respeito.

O autodescobrimento e o Espiritismo

A proposta do autodescobrimento é central no Espiritismo, resgatando Jesus e a filosofia socrática em **O livro dos espíritos.**

Allan Kardec elabora uma questão que ainda parece pouco compreendida pela maioria dos espíritas: "Qual o meio prático mais eficaz que tem o homem de se transformar moralmente e não ser arrastado pelo mal"? A resposta oferecida pelos Espíritos é ao mesmo tempo curta e profunda, por isso contundente: "Um sábio da antiguidade vo-lo disse, conhece-te a ti mesmo".[16]

Certamente, temos muito a aprender com isso, ampliando os horizontes à medida que a Ciência avança.

Hoje, entendemos que não há como modificar algo desconhecido. Seria possível lidar com o orgulho acreditando que somos humildes? Há uma forma de curar as mágoas se cremos que perdoamos? Como podemos aprender a lidar com a agressividade se nós nos achamos mansos?

Não há possibilidade de tratamento para aquele que se acha são. Sem coragem para enxergar a realidade interior, em busca de quem verdadeiramente somos e de como estamos, não haverá possibilidade de transformação.

Já ouvimos pessoas revelarem que são orgulhosas ou egoístas, mas logo complementam: "... afinal todo mundo que está na Terra é". Porém, se forem questionadas a respeito de quando, onde e como seu orgulho ou seu egoísmo se manifesta, revelam nada saberem sobre si mesmas. Esse desconhecimento demonstra que, de fato, nós nos achamos humildes e altruístas, mas aprendemos que precisamos falar que somos orgulhosos e egoístas para não parecermos prepotentes ou arrogantes. Aderimos exteriormente ao impositivo de não nos elevarmos, mas só nos submetemos aparentemente para não sermos rebaixados conforme ensinou Jesus.[VII] Desconhecemos que a proposta do Mestre não se referia às simples atitudes, mas ao estado da alma,

---

[VII] - *Porque todo aquele que exalta a si mesmo será diminuído, e aquele que diminui a si mesmo será exaltado.* (Lucas, 14: 11).

posto que "não me elevar agora para ser elevado depois" continua sendo um movimento completamente orgulhoso.

Sabemos que não nos encontramos na fase da consolidação das grandes virtudes, porém precisamos controlar esse mal que nos domina, para que não atue, de modo desgovernado, como se fôssemos plenamente dominados pelos impulsos – característica esta dos povos menos evoluídos.

Joanna de Ângelis afirma: "O autodescobrimento, resultado da imersão no ser profundo, é meta prioritária para que seja conseguida a autoidentificação".[17]

Ao identificarmos a existência de uma meta atual, podemos deduzir que existiram outras metas para momentos anteriores e que, certamente, existirão as futuras.

Sabemos que o ser humano, ao ser criado, já carrega consigo uma destinação, afinal nada é inútil na criação divina. É possível entender sobre a edificação humana que, somos criados com objetivo de nos tornarmos Espíritos Bem-aventurados.[18] E para alcançar esta destinação final existem muitas etapas a serem vividas, com objetivos específicos que são superados um a um.

A caminhada que percorremos enquanto espírito imortal se dá ao longo dos milênios, da simplicidade e ignorância, ou seja, da primitividade até chegar à angelitude, em um processo de consolidação das virtudes e da verdadeira pureza. Dessa forma precisamos nos perguntar: Em qual etapa nos encontramos? Quais são as solicitações que a vida nos faz nesses dias?

Embora estejamos em diferentes níveis, facilmente identificados pelas diferenças comportamentais entre os habitantes da Terra, olhando do alto, essas diferenças tornam-se bem pequenas, porque nos enquadramos na mesma escala, ou seja, nos mundos de Provas e Expiações.[VIII]

Já fizemos algumas reflexões acerca de nosso nível evolutivo, em outra obra[IX], mas reforçamos que viver em um mundo de Provas e Expiações é, em síntese, dizer que estamos mais próximos do início da caminhada do que do final. Portanto, significa dizer que o mal predomina em nós e assim será por muito tempo, afinal, a condição do predomínio do bem só se efetivará nos mundos felizes, segundo Kardec.[19]

Somos Espíritos ainda tentando nos desvencilhar da precariedade da condição humana atual, muito distantes da pureza moral, e que, por nosso orgulho desmedido e inconsciente, almejamos uma conduta de perfeição, tal qual o sujeito ainda enlameado que exige o perfume dos anjos.

[VIII] - Incentivamos a leitura da obra *Plenitude* de Joanna de Ângelis – cap III – "Origens do Sofrimento", na qual se encontra uma das definições mais claras e precisas de provas e expiações. A mentora conceitua as duas condições e, principalmente, diferencia a expiação do comportamento punitivo de Deus, advinda de outras concepções religiosas que não do Espiritismo.

[IX] - NEPJA – *Espelhos da alma: uma jornada terapêutica*, cap. 1: "O contexto e o convite da jornada".

Cultivo das Emoções

Viver o autodescobrimento nos dá consciência das muitas exigências descabidas que fazemos para nós e para os outros, como se já estivéssemos chegando ao final da caminhada evolutiva.

Sintetizamos que vivemos o momento de identificação de nossas imperfeições e, principalmente, do mal dentro de nós. Se não formos capazes disso, jamais o domaremos.

O autodescobrimento nos é apresentado pelo Espiritismo como a alavanca para a transformação moral porque nos tira da condição maniqueísta do "pode" *versus* "não pode", e nos convida a pensar sobre a vida interior, sobre as forças atuantes e na sua administração.

As proibições tornaram-se elementos importantíssimos de determinadas religiões. Pautam-se na negação de nós mesmos como se fosse possível conhecer a "vontade de Deus" e atendê-la, impondo-se a todo custo, mutilando o ser.

As forças interiores nos movimentam, trabalhando nas engrenagens da alma, a favor da evolução, mais que da construção de uma *persona evoluída*. Essa é a forma que precisamos aprender de nos relacionarmos com nossas imperfeições de maneira humanizada, não pendendo para a aceitação irrestrita e imoral do que somos, porém, sem o extremismo do desejo de anulação imediata das imperfeições que hoje sabemos ser ilusória e impossível.

Joanna declara: "O grande desafio contemporâneo para o homem é o seu autodescobrimento".[20]

A palavra desafio refere-se à realização de algo, geralmente além de nossas possibilidades, uma situação ou grande problema a ser vencido ou superado, uma tarefa difícil de ser executada.

Nesse mesmo sentido Carl Gustav Jung diz: "Enquanto por um lado o autodescobrimento é um expediente terapêutico, por outro implica muitas vezes, um trabalho árduo".[21]

Isso atesta que a experiência da descoberta de si mesmo é transformadora, capaz de produzir equilíbrio e saúde por si só, porém é decorrente de um trabalho custoso, exigindo coragem e muito empenho de nossa parte.

Autodescobrimento é 'apenas' conhecer-se

Muitos de nós, espíritas, acreditamos que transformação moral é incorporação de máscaras do bem. Investimos grande cota de energia na mudança comportamental daquilo que os outros podem ver, avaliar e julgar. Mas, nem sempre fazemos o mesmo esforço para lidar com nossa interioridade, relegada a segundo plano.

Se Kardec nos replicasse o questionamento de como não sermos arrastados pelo mal, provavelmente responderíamos sobre a necessidade de muita oração, muita caridade, muito estudo, muita fluidoterapia, entre outros. E por que então os Espíritos responderam apenas "Conhece-te a ti mesmo"?

Destacamos o termo "apenas", pela concepção que criamos. Quando somos desejosos de chegar ao final da caminhada evolutiva nessa reencarnação, olhar para si parece um "apenas", como se fosse pouco, sem perceber que ele nos oferece a garantia da verdadeira transformação moral.

De modo algum desqualificamos as ações que o Centro Espírita oferece e orienta. A eficácia dessas atividades é inquestionável, mas em especial, quando o sujeito se conhece. Se por um lado as máscaras podem nos ocultar dos outros e principalmente de nós mesmos, elas são incapazes de alterar a essência do que somos.

Sem o autodescobrimento, a transformação é superficial. Podemos nos adequar completamente às exigências e seguir todas as recomendações externas do Centro Espírita, sem promover qualquer modificação interior verdadeira. Por isso, continuamos a ser arrastados pelo mal.

Ao orarmos sem reconhecer nossa pequenez frente ao Senhor, essa oração se torna muda, pois barganhamos, ou pior, exigimos de Deus como se estivéssemos lado a lado com Ele.

Fazemos a caridade, porém sem reconhecimento da soberba que nos move, certamente a atitude caridosa se torna vazia, estimulando o orgulho, exigindo reconhecimento e tentando provar para o mundo como somos bons.

Da mesma forma, ao frequentarmos as palestras ou os estudos sem identificação de nossas necessidades morais, os conhecimentos ali obtidos servirão para orientar, julgar ou condenar os outros, sem eficácia para nós mesmos.

O desconhecimento pessoal faz com que todas as ofertas da Casa Espírita se tornem vazias para nós. Mas isso não ocorre pela sua ineficácia, mas sim pela nossa impossibilidade de apreender aquilo que nos cabe e que necessitamos. O doente que não crê na gravidade de seu estado não aceita cuidados nem medicamentos.

Ao agirmos assim, mostramos desconhecimento das palavras de Jesus, como o homem imprudente que não edificou sua casa sobre a rocha.[22]

O autodescobrimento é a consolidação dessa base, para a edificação moral. Ao final, por mais bela que seja a construção será frágil e inútil, se não tiver uma base sólida que permita usufruir de todo o potencial planejado.

Autodescobrimento é uma abertura à vida

Quem deseja descobrir-se, precisa aprender a abrir-se para o novo em si mesmo. Precisa dispor-se ao afastamento de seus autoconceitos e adentrar corajosamente a esfera dos questionamentos incertos.

Cultivo das Emoções

Se alguém nos diz que nossa timidez pode ser orgulho, podemos rapidamente negar e mantê-la no *status* de simplicidade ou humildade, ou podemos nos questionar: "Será que sou orgulhoso e me escondo por trás dessa timidez?" Se não nos abrirmos a essa pergunta, jamais daremos passos mais largos no sentido de nossa transformação.

Não precisamos de respostas rápidas. A postura de se autodescobrir está em mantermos as questões em aberto e deixar que a vida nos dê, pouco a pouco, as respostas; não o intelecto. No caso em questão, se intencionarmos o autodescobrimento, estaremos mais atentos à nossa timidez, e a cada vez que ela surgir, olharemos para dentro e perceberemos as forças que estão envolvidas, os receios, as fantasias e, certamente adentraremos a um mundo para nós, desconhecido.

A leitura de **O evangelho segundo o espiritismo** e, principalmente, as práticas do Evangelho no Lar são excelentes oportunidades de autodescobrimento, desde que mantenhamos uma abertura ao novo a respeito de nós mesmos. Maravilhoso será o dia em que pais e filhos conversarem abertamente sobre suas condutas, assumindo suas questões perante a família, sendo acolhidos sem julgamentos ou condenações por seus entes, e, terão a certeza de que são amados como são, assim como Deus nos ama, incondicionalmente. Nesse dia, leremos acerca dos temas evangélicos e todos os membros falarão de si, de como se sentem em relação ao que foi lido, dos fatores envolvidos, encontrando-se um pouco mais.

O autodescobrimento é uma postura de abertura à vida, pois as respostas não são imediatas, muito menos intelectualizadas. O cotidiano é capaz de nos mostrar, nas pequenas experiências, quem somos, desde que tenhamos disposição de observá-lo, enxergando o que se repete em nossas vidas, exatamente porque isso fala do nosso mundo interior.

As pessoas, os contextos, o tempo, tudo muda, mas continuamos a viver experiências semelhantes... Isso deve nos chamar a atenção.

Certamente, existem inúmeras possibilidades de nos conhecermos, e a literatura, espírita ou não espírita, está repleta dessas informações. Contudo, não podemos deixar de reforçar a proposta de Santo Agostinho[23], ao nos estimular à observação de nosso dia, de nossas atitudes, levando-nos à reflexão dos motivos [internos] que nos fizeram agir dessa ou daquela forma.

O convite que o amigo espiritual nos faz é, para ao final do dia, questionarmos nossas atitudes, colocando-nos no lugar dos outros e avaliando-nos por outros ângulos.

Autodescobrimento é encontrar-se com Deus e com o próximo

Autodescobrir-se não é apenas se deparar com as limitações, os problemas e as dificuldades. É também encontrar o belo, a superação, a iluminação, o potencial, a divindade ínsita na criação.

Como encontrar Deus sem olhar para dentro? Ele está em tudo, bem sabemos. Mas a experiência de Deus não vem de fora para dentro.

Após reconhecermos a divindade que nos mantém, identificamo-Lo em tudo, desde as plantas mais simples da natureza até os gestos mais nobres do homem. É preciso reconhecer em si, sentir, viver, para identificá-Lo lá fora.

O autodescobrimento mostra que somos muito mais do que acreditamos ser. Capazes de perdoar, de amar, de nos doar, de servir, de compreender e de tolerar. Habilitamo-nos a essa atitude quando encontramos Deus em nós. Podemos até tentar essa conduta sem o verdadeiro encontro, porém serão comportamentos externos que, mais cedo ou mais tarde, não conseguirão ser mantidos. É como quem diz amar alguém, fazer tudo que está ao seu alcance pelo suposto amor, mas em determinado momento, cansado, desiste por não ser reconhecido. Esse não estava imbuído do Deus em si, mas do comportamento aparentemente divino e da expectativa de retribuição.

À medida que nos encontramos internamente, podemos suportar, respeitar e entender as dificuldades e os padecimentos de nossos irmãos, desculpá-los das agressões, sentirmos compaixão e perdoá-los.

Também, reconhecendo a dificuldade de nos transformarmos, naturalmente compreendemos a jornada dos outros, suas limitações e dificuldades. Isso nos faz mais tolerantes com o próximo, num exercício de fraternidade universal.

A proposta anunciada por Joanna de Ângelis para o momento atual, somada às declarações explícitas da Codificação Espírita, evidenciam que o momento é de autodescoberta e que, nos conhecendo, o processo de evolução se dará de maneira efetiva.

O autodescobrimento é o passo decisivo para o autoencontro. É a porta de entrada para o contato com a divindade interior. É a chave para o encontro com Deus.

CONSEQUÊNCIAS DO AUTODESCOBRIMENTO

Temos uma tendência a ver o "se conhecer" como um passo muito pequeno, por não compreendermos a profundidade e a nobreza dessa atitude. Lemos intelectual e superficialmente sobre o autodescobrimento e, por não vivermos o processo de corpo e alma, não o entendemos.

O autodescobrimento é uma grande transformação. Não pode ser comparado a um diagnóstico médico utilizado para determinar a conduta a ser tomada. Geralmente os especialistas diagnosticam e logo perguntamos: "E então, o que faço agora?"

O autodescobrimento também não é como uma análise institucional de uma empresa feita por um administrador antes de iniciar os passos da intervenção. Diante de seus levantamentos o dono da empresa questiona: "E qual é a solução?"

Cremos que o autodescobrimento seja muito mais complexo e profundo do que isso, e a sua vivência produza uma significativa transformação no interior do ser.

Dentre essas, destacamos duas que mais impactam no equilíbrio das emoções.

Colocar os pés no chão

Em geral, quando as pessoas começam a se conhecer têm a sensação de estarem piores do que antes. A sensação é de retrocesso. Mas, em verdade não regredimos em termos de evolução moral, apenas nos obrigamos a tomar consciência de nossa *sombra* e de que não estávamos tão acima como havíamos suposto. Isso não é regredir, é simplesmente assumir nosso verdadeiro lugar.

Stein afirma que a maioria das pessoas não sabe que é tão egocêntrica e egoísta quanto na realidade é. Querem parecer altruístas e dominar seus apetites e prazeres. Escondem tais traços, dos outros e de si mesmas, em uma fachada que as mostre atenciosas, ponderadas, empáticas, refletidas e benévolas.[24]

Mas em verdade não somos tudo isso, caso contrário, não estaríamos na Terra. A não ser que Deus tenha errado, ou que estejamos em regime de missão. Mas se assim fosse, estaríamos trabalhando intensamente no bem como fizeram os espíritos realmente mais evoluídos que nós.

Jung afirma: "O encontro consigo mesmo pertence às coisas desagradáveis que evitamos".[25] Esse contato com a *sombra* é extremamente doloroso, porque como vimos, surge como uma flecha que atinge diretamente nosso ego adoecido e pretensioso.

Se a *sombra* induz à vergonha, a uma sensação de indignidade, a um sentimento de impureza, de estar manchado e ser indesejável, conseguir conviver com isso exige diminuição dos ideais do ego e aceitação do seu verdadeiro lugar no mundo.

"Descobrimos que somos menos do que gostaríamos de ser".[26]

Isso fere profundamente o ego idealizado. Independentemente do que sabe, do que possui, do cargo que ocupa, do *status* que ostenta.

Essa é, para nós, a primeira importante consequência do autodescobrimento: a identificação da nossa verdadeira "estatura moral".

O contato com a *sombra* obriga-nos a descobrir um homem novo, menor, menos importante, porém mais verdadeiro. Colocamos nossos pés no chão, saímos do mundo das ideias, onde criamos e justificamos tudo a nosso bel-prazer. Entramos em contato com nossa humanidade. Lembramo-nos de quem somos, diminuindo as fantasias idealizadas e as exigências de pureza oriundas do ego adoecido.

Tudo isso faz-nos desenredar da falsa noção de superioridade que criamos, pela condição atual de ausência de grandes dores e dificuldades. Mas será que teríamos as mesmas condutas de hoje se tivéssemos sobrevivido a uma infância tormentosa, agressões desmedidas e injustificadas, abusos sexuais, drogadição e falta da mínima noção de moralidade?

Quando somos obrigados a nos deparar com nosso tamanho real, inicialmente vivemos um abalo profundo. Mas essa crise tem um efeito terapêutico significativo.

A fragilidade do ego está em querer ser o que não é.

Jung classifica essa postura de fantasia sobre si mesmo como a "essência do problema moral"[27], a grande arte de ser simples e de aceitar.

Um estado de grande ética

Conhecendo nossa intimidade e aceitando bem mais nossa condição moral, nos modificamos, tornando-nos mais conscientes de quem somos e naturalmente, agimos diferente.

Segundo Jung,[28] quando se consegue acessar o conteúdo inconsciente, surge a questão de saber como o ego se comporta diante dessa situação. Tem início, assim, a confrontação entre o ego e o inconsciente. Essa é a segunda e a mais importante etapa do processo, isto é, a aproximação dos opostos da qual resulta o aparecimento de um terceiro elemento – uma renovação da personalidade.

Essa confrontação entre o ego e o inconsciente produz modificação em ambos, mas ressaltamos, em especial, a mudança que ocorre com o primeiro. À medida que nós nos descobrimos como parte de algo maior, e que não estamos no centro de tudo, no mínimo isso nos faz rever o sentimento de autoimportância, de supervalorização, de onipresença.

Jung salienta: "Neste estágio, a condução do processo já não está mais com o inconsciente, mas com o ego"[29], ou seja, na forma como lidamos com a vida. Essa é a transformação mais importante para o momento atual: o desenvolvimento da humildade.

No livro **Em busca da verdade**, Joanna traz uma frase na análise da "Parábola do Filho Pródigo" de grande validade para esta reflexão:

> Quando o filho pródigo se apresenta em situação deplorável, rebaixando-se e submetendo-se ao pai, nele há uma grandeza ética fascinante, que o torna elevado, que o dignifica, ao invés de quando parte, carregando muitos valores amoedados e joias, porém apequenado, porque vazio de objetivos existenciais.[30]

Ali está retratada a grandeza que nos tomará quando formos capazes de contatar o "inferno" que há em nós. A sensação de fracasso é vivida apenas pelo ego adoecido que deseja manter-se imponente. Contudo, ao se conhecer, a alma vibra em glória.

Identificarmos quem realmente somos, nos torna fortes, profundos, verdadeiros. Seres humanos coerentes internamente, preparados para suportar as dores do mundo e aprender com tais dores. Sensatos para acolher as respostas da vida e crescer moralmente.

Se o sentimento de autoimportância é uma postura egoica que caracteriza a nascente dos vícios e, portanto, o desequilíbrio de nossas emoções, então, o desenvolvimento da humildade é a salvação do ser.

EGO E EMOÇÕES

Existem diferentes possibilidades de estudo relacionadas às emoções: os hábitos e condicionamentos, a energia ou o movimento da libido, e até mesmo sob o ângulo da obsessão espiritual. Na impossibilidade de darmos conta de todos os aspectos, estimulamos as leituras e pesquisas dos grandes autores a respeito do tema, pois nos deteremos no papel do ego na vivência emocional.

Sabemos que as emoções fazem parte de nossa primitividade, como forças que nos movimentam para além da vontade egoica.

Precisamos saber que o ego não é o criador ou detentor das emoções. Se elas são parte da natureza, então, são criadas por Deus. Mas, na forma de energias, precisam de canalização adequada para que cumpram com seu papel, e aí entra o ego.

Ele pode ser a instância que possibilita a vivência consciente desse mundo que nos habita. Reconhecemos que o ego tem um papel importante no equilíbrio de nossas emoções, no sentido de bem direcioná-las, ou do contrário, gerando desatinos como consequências da forma como ele lida ou rejeita essa interação. Resistência, aceitação ou interação, briga ou comunhão, tudo isso desencadeia conflitos ou equaciona soluções, a depender das posturas do ego frente ao inconsciente e às emoções.

Sabemos que Jung não desenvolveu uma teoria do ego. Nas definições de Tipos Psicológicos, ele teoriza: "Visto que o ego é apenas o centro do meu campo da consciência, ele não é idêntico à totalidade da minha psique, é apenas um complexo entre outros complexos".[31]

Ao ler que o ego é apenas um complexo entre outros, percebemos que ele tem um papel na estrutura da personalidade. Verificamos esse posicionamento do Pai da Psicologia Complexa, em diferentes momentos, supondo que um de seus importantes compromissos frente à comunidade científica foi comprovar que a pequenina parte consciente, à qual nos apegamos, é quase nada em relação à personalidade total que somos. Com isso, o ego foi retirado da centralidade do psiquismo, desfazendo a ilusão de supremacia, autocontrole e determinação de nossas vidas.

Joanna define: "O ego é produção do estado de consciência, portanto transitório, impermanente".[32] Assim, compreendemos que o ego é uma instância material, ilusória e passageira, mas embora sua impermanência pode causar muitos estragos dependendo da forma como interpreta e se coloca no mundo.

Assumir que o ego não está no centro da vida não implica eliminá-lo ou desprezá-lo. Jung teoriza que o ego é o expoente real no consciente do Self.[33]

A psique, ou o Espírito, é uma totalidade consciente-inconsciente. O ego é a centralidade da parte consciente, porém, é incomparavelmente menor que a centralidade do *Self*, ou si mesmo que é o todo, e por isso, é infinitamente maior e mais potente, capaz de gerenciar e organizar esse todo.[x]

Habilmente, o grande psiquiatra demonstrou que o ego continua sendo a centralidade até o momento, porém subordinada à centralidade da psique.

> O ego está para o Self assim como o movimento está para o movente, ou o objeto para o sujeito, porque os fatores determinantes que se irradiam do Self cercam o ego de todos os lados e, portanto, são supraordenados em relação a ele.[34]

Então, identificar o ego enquanto ínfima parte em relação ao todo que nos constitui – de negatividades e positividades – não é o mesmo que declará-lo por uma peça insignificante na atual engrenagem.

Para Murray Stein, "O ego focaliza a consciência humana e confere à nossa conduta consciente sua determinação e direção. Porque temos um ego, possuímos a liberdade para fazer escolhas (...)".[35]

---

[x] - Para um estudo mais detalhado sobre *Self* ou si mesmo, com as referências espíritas e junguianas, sugerimos a leitura do capítulo "Individuação: o encontro com o *Self*", de nossa autoria, na obra *Espelhos da alma: uma jornada terapêutica*.

Certamente, nem todos os passos estão sob o controle do ego. Com o tempo e com a maturidade, o ser humano descobre que suas decisões mais seguras e realizadoras não foram direcionadas pelo ego, mas sim executadas a serviço do *Self* – a divindade interna.

Sob o olhar do Espiritismo, dizemos que quando reencarnamos, a personalidade é a representação do nosso desenvolvimento egoico, ou seja, formamos um ego que é o centro da consciência. Com as experiências que a vida nos oferece, estruturamos este ser que somos: temos um nome, uma formatação psicológica, um ingrediente de funcionamento emocional, uma estrutura valorativa com que nos colocamos no mundo. Essa caracterização não é estanque, mas tende a se manter estável.

Gelson Roberto diz:

> Quando reencarnamos, não é apenas a roupagem física que ganhamos para podermos ter a experiência terrena, também precisamos de uma roupagem psíquica, um vaso psicológico que possa conter e organizar minhas experiências psicológicas. Chamamos essa roupagem psicológica de eu ou ego. Isto é necessário já que o espírito não pode reencarnar com todas as informações da memória do passado e também ainda não tem a capacidade de reter todas as informações vividas de maneira global e consciente. Cada espírito enxerga e compreende dentro da realidade evolutiva que se encontra.[36]

O ego é uma construção necessária para cada reencarnação, por isso é provisório.

Diz-se que a personalidade é transitória assinalando as etapas reencarnacionistas, definidoras de experiências nos sexos, nas culturas, nas inteligências, nas artes e nos relacionamentos interpessoais. Somos um somatório das experiências anteriores, apresentando claramente algumas características vividas por nós mesmos em outras reencarnações e, ao mesmo tempo, submetidos aos condicionamentos e situações atuais. Cabendo-nos, assim, a grande tarefa de assimilar os condicionamentos e exteriorizar uma personalidade consentânea com o ser real, buscando uma perfeita harmonia entre o ser e o parecer.[37]

Como o ego oferece a experiência que a pessoa tem de si mesma, como um centro de vontade, desejo, reflexão e ação, podemos imaginá-lo como o síndico de um edifício atuando, desde o rol de entrada até a organização geral do local. Nessa situação, ele controla o fluxo de pessoas [conteúdos psíquicos], mas absolutamente não é o dono do prédio, precisando se submeter às ordens superiores, e por isso esse síndico precisará se moldar, orientar, afinar-se cada vez mais com as ordens e exigências do conselho [o *Self*] que tem soberania sobre ele.

Um síndico, assim também o ego, tem um papel secundário, no entanto, de grande importância para o bem-estar geral, desde que se submeta às ordens estabelecidas pelo condomínio.

Se esse funcionário desejar criar as próprias regras, definindo à revelia quem entra ou quem sai, gerará dificuldades. Se, por exemplo, permitir entrar apenas quem ele gosta e não deixar sair quem ele não gosta, certamente em pouco tempo teremos um grande problema. Da mesma forma, se ele não tiver critério algum, deixando adentrar até mesmo ladrões ou indivíduos de má vida com propósitos puramente destrutivos, outros tipos de dificuldades surgirão.

Além disso, precisa supervisionar a limpeza, fazer as compras, receber as encomendas, entre tantas outras funções e que na sua ausência, rapidamente, o caos se instalará.

Se o ego conseguir colocar as ordens e vontades do Conselho Deliberativo acima das dele, mesmo contra sua vontade, discordando ou não vendo sentido em algumas, acatá-las porque sabe que vem de uma instância superior, diremos que ele está saudável. Mas se desejar subverter a ordem, mantendo-se no poder, fazendo apenas o que quiser, sem analisar as condições acima dele, sem se submeter às determinações divinas, diremos que ele adoeceu.

O ego saudável

Edward Whitmont e Marie Louise Von Franz afirmam que o *ego* é saudável quando se permite uma relação de subordinação ao *Self*.

O primeiro autor explica que:

> O **modus operandi** do Self pode ser comparado ao centro de um campo de energia que tem o objetivo de realizar um padrão de personalidade e de vida que, como potencialidade, é dado **a priori**. O ego então surge, não como fabricante da personalidade, mas como executor relativamente subordinado de um plano que vai além das metas e valores conscientes do ego e que pode até mesmo contradizê-lo.[38]

Mostra-nos, com isso, que não é o ego que determina os objetivos ou determina o plano: aí está sua insignificância. Entretanto, ele tem um papel fundamental por ser o executor, e não existir obra sem execução.

"Ele dizia a todos: se alguém quer vir após mim, negue a si mesmo, tome a sua cruz a cada dia, e siga-me".[39] Percebemos o quão difícil é compreender este pedido. Precipitadamente, negar a si mesmo ganha característica de autoabandono, de desamor, o que seria contrário à essência da sua mensagem. Para segui-lo, ou seja, para ter essa vontade, é necessária a presença do ego, que realiza a caminhada. Se não houver um ego bem estruturado, adequadamente enraizado no mundo sem ser do mundo, não há como conduzir a vida de maneira adequada. O problema não está nessa presença, mas sim na eleição do trajeto a seguir.

A proposta de Jesus já tem um caminho determinado que não é a opção do ego. É um caminho divino, de superação pessoal, de justiça, amor e caridade que o ego não consegue compreender se não estiver envolvido pelas emanações do si mesmo.

Whitmont explica que para uma saudável relação do ego com o inconsciente, o pré-requisito é que o consciente, embora mantendo sua posição na realidade externa e sua percepção das limitações pessoais, não tenha medo de confrontar os poderes interiores como realidades e experienciar seus anseios em termos daquilo que é realisticamente possível.[40]

Von Franz esclarece: "O self pode emergir de maneira insuficiente ou então desenvolver-se de modo quase completo ao longo da nossa existência; o quanto vai evoluir depende do desejo do ego de ouvir ou não as suas mensagens".[41]

Dessa forma, assevera que o ego não surgiu para a realização de si próprio, de suas vontades e de seus desejos. Por ser apenas um executor, o vemos tal qual um insignificante em relação ao todo psíquico, como um servo em relação ao senhor. Contudo, o que seria do grande senhor se não houvesse ninguém para executar suas ordens e realizar suas vontades?

Von Franz teoriza que o ego é quem ilumina o sistema inteiro, permitindo que o *Self* ganhe consciência, ou seja, que se torne realizado. Não se trata da realização do ego. Aqui está sua insignificância. Pouco adianta, em termos de realização interior, ele querer impor ou determinar. Mas é ele quem realiza o *Self*, então nisso está sua importância.

Quando Paulo de Tarso afirma estar em comunhão com o Cristo, ele fala: "Já estou crucificado com o Cristo; e vivo".[42] Ao dizer que vive, está simbolizada a presença do ego. Porém, continua: "... não mais eu, mas Cristo vive em mim".[43] Então, vemos o ego presente, sem se anular, no sentido vulgar do termo, mas sua vontade permanece silenciada para viver a serviço do Senhor que o governa.

Conseguir silenciar às vontades imediatistas e efêmeras para se submeter à verdadeira vontade do Pai é a garantia do caminho que nos conduz à paz, à harmonia e à felicidade.

O ego adoecido

Os espíritos superiores informam a Kardec, na questão 913 de **O livro dos espíritos**, que a raiz de todos os vícios está no egoísmo. Já dedicamos algum tempo para analisar essa mazela moral à luz da Psicologia como o somatório de duas palavras: ego + ismo.[XI] Contudo, acreditamos ser necessário retomar certos aspectos e aprofundar outros, justamente porque todos os desajustes da alma, todos os problemas existenciais,

---

[XI] - NEPJA – *Refletindo a alma: a psicologia espírita de Joanna de Ângelis*, cap. 10: "A nascente dos sofrimentos – uma análise do ego".

decorrem desse ego adoecido, como dizem os espíritos: "Daí deriva todo o mal. Estudai todos os vícios e vereis que no fundo de todos há egoísmo (...)".[44]

A partir do que já foi exposto, sabemos que o ego não é a parte negativa do aparelho psíquico, que precisa ser eliminada para que o indivíduo alcance a plenitude. Entretanto, o estudo sobre o egoísmo como nascente dos males faz-nos entender que pelo fato do ego ter um papel de centralidade, enquanto uma instância psíquica, pode cumprir com seu papel ou se corromper, gerando prejuízos para todos os sistemas.

Em determinada fase do desenvolvimento humano, o ego corrompe-se pelo excesso de si mesmo, perverte-se à medida que se considera o centro de tudo e aliena-se por achar autossuficiente.

Pastorino afirma que "... o ego apaixonado é o responsável pela prevalência dos tormentos, distanciado do ser legítimo, que é o Espírito (...)".[45] Anteriormente, ele diz que a visão distorcida que criamos em torno da vida faz com que nos apeguemos às distrações, aos objetos, às pessoas e suas máscaras, às posições e aparências, nos encarcerando cada vez mais.

Segundo o Espírito Lázaro,[46] o homem em sua origem só tem instintos. Dessa forma, não precisávamos ainda de consciência para encaminhar a vida, afinal éramos dirigidos pelos impulsos. Contudo, diz-nos a mensagem, quanto mais avançados e corrompidos, desenvolvemos as sensações. E é aí que tudo começa a mudar – pela exigência de faculdades superiores que nos diferenciam dos animais, para administrarmos e mantermos a vida.

O ego desenvolveu-se como instância psíquica, lidando com as sensações positivas e negativas. Afinal, desejamos as sensações boas, contudo, muitas vezes precisaremos nos submeter às sensações más, por saber que são necessárias.

Podemos pensar que dentro desse funcionamento normal e esperado, o ego que deveria administrar os prazeres, as necessidades e os objetivos existenciais, equivoca-se na melhor forma de gerenciar a vida, quando olha apenas para si. Perverte-se pautado apenas na construção dos interesses pessoais imediatos, pertinentes aos instintos primários, em detrimento dos de natureza geral, de mais amplitude social e humana.

O ego, nessa fase desorganizada, adoecido pelo excesso de si mesmo, desconhecedor de toda a amplidão que constitui o ser criado por Deus, deseja manter a sua identidade intacta e permanecer soberano sem poder e merecer.

Quando o ego vivencia esse desvirtuamento, esse desencontro em relação à vida, identificando-se como o mais importante, o preferencial, teorizamos que está adoecido pela incapacidade de perceber seu papel como partícipe da vida, lado a lado dos demais, devendo se submeter às leis da vida. Responde assim por incontáveis conflitos e problemas pessoais e sociais, por agir cegamente.

Perdemos as referências internas quando nos colocamos no centro do universo. Certamente, o mundo não gira ao nosso redor. O clima, o trânsito e as pessoas têm muitos motivos para estarem e serem do jeito que são. Quando estamos nesse estado de adoecimento egoico, acreditamos que as pessoas fazem ou agem com o propósito de nos agredir, de nos desmoralizar, de nos diminuir. Por vezes, temos até a petulância de sentirmos raiva de Deus, como se Ele estivesse contra nós, ao invés de percebermos que ele está tentando nos mostrar um caminho diferente do qual optamos.

Ao se colocar no centro de tudo e acima de todos, o ego identifica os impedimentos e contrariedades da vida com um movimento destrutivo, que o faz reagir ou se fechar e negar a vida.

O número assombroso de separações no primeiro ano de casamento é um indicativo de como vivemos dias de puro egocentrismo. Poucos de nós estamos dispostos a nos modificar, adaptar, repensar. Parece muito mais fácil romper, distanciar, acusar, negar, fugir ou eliminar.

Denominamos isso de adoecimento do ego, por identificar sua fixação nas exterioridades e na transitoriedade da jornada física em detrimento da essência e do verdadeiro motivo de estarmos reencarnados: a evolução moral. Porém, como praticamente a grande massa vive esse estado, tentamos normalizar esse equívoco, colocando a materialidade acima do Espírito, atribuindo-nos qualidades que não possuímos, e nos considerando acima de Deus.

Cultivo das Emoções

Cultivar as emoções, nesse sentido, é encontrar um estado saudável do ego para que não interfira negativamente na vivência emocional. O ego, enquanto um executor do jardim das emoções, precisa regá-las, dar o espaço e a iluminação adequados para que se desenvolvam, sem querer se impor a elas.

O medo surge para nós como algo impensado, apenas aparece, nos toma, nos paralisa. Como uma energia de preservação, a canalização que daremos a ele será decisão nossa, a depender do estado de harmonia ou desarmonia interior. Enfrentar ou recuar em determinada situação é uma decisão do ego, que poderá bem decidir conforme o benefício ou prejuízo do sistema, levando em consideração as determinações do conselho, ou pode fazer a seu bel-prazer, evitando encarar aquilo que receia e se manter acomodado.

Assim também acontece com a raiva que por vezes nos toma. Como energia de movimentação, podemos atuar energicamente, exigir ou operar algumas mudanças necessárias, ou mudar nossas expectativas e exigências internas, mas certamente o ego sozinho não saberá fazer essa avaliação em todas as situações, precisando, obrigatoriamente, ouvir as orientações superiores.

E o mesmo ocorre com a tristeza que nos convida à introspecção. Olhar para dentro para reajustar-se interna, e depois, externamente, exige uma sabedoria que está além do ego, e por isso precisará recorrer ao *Self* para conduzir a situação de forma que gere paz e amor em si.

Dessa forma, dizemos que, caso consigamos cultivar nossas emoções sob o influxo divino, elas se tornarão potências da alma a favor da evolução do espírito imortal, em sua trajetória divina.

INCONSCIENTE E EMOÇÕES[XII]

Em um momento histórico dominado pelo Iluminismo e pelo Positivismo, de valorização extrema da racionalidade, consciência, observação, e validade dos estudos passíveis de repetição e comprovação em laboratórios, o neurologista Sigmund Freud

---

[XII] - Os estudos sobre o inconsciente permeiam toda a *Série Psicológica* de Joanna de Ângelis, porém ressaltamos quatro obras por suas especificidades, pela didática e aplicação ao cotidiano. Em *Autodescobrimento: uma busca interior*, com diferentes termos ou divisões desse inconsciente. Passando rapidamente pela perspectiva freudiana, junguiana, até chegar à ênfase do inconsciente da Psicologia Transpessoal e às noções de subconsciente e sua reciclagem (termos esses que não foram mais usados nas obras sequentes). A obra *Vida: desafios e soluções*, é uma importante referência ao termo "inconsciente", por apresentar a noção junguiana e acrescentar o entendimento de arquétipos, mitos e individuação. Ali está uma declaração importantíssima para nós espíritas: "Indispensável, porém, ter-se em mente a presença do Espírito, que transcende aos efeitos e passa a exercer a sua função na condição de inconsciente". Isso nos permite afirmar que o objeto de estudo do Espiritismo que é o Espírito, e o objeto de estudo da Psicologia Profunda que é o Inconsciente, são em essência, a mesma coisa. Em *Triunfo pessoal*, a autora espiritual declara que o inconsciente coletivo junguiano corresponde às experiências vivenciadas pelo indivíduo no seu processo de evolução, passando pelas etapas reencarnacionistas, nas quais transitou nas diversas fases do desenvolvimento antropossociopsicológico de si mesmo. Joanna ainda explica que, atravessando os diferentes períodos da Humanidade nos quais esteve o ser humano, arquivou todas as impressões que ora se encontram adormecidas e podem ser exteriorizadas pelo perispírito. Por fim, *Em busca da verdade*, no item "Identificando o Inconsciente", somos brindados com orientações sobre a interação com o inconsciente e a possibilidade de nele penetrarmos através de recursos que a Doutrina nos oferece, para diluirmos impressões profundas e infelizes.

teve a coragem e a ousadia de apresentar a metafísica do inconsciente.

A dinâmica do inconsciente pressupõe o homem regido por forças desconhecidas em si mesmo – o que representa uma afronta ao desenvolvimento da racionalidade da época.[XIII]

Aceitar a ideia do inconsciente é entender que existe, no mínimo, dois sujeitos ou duas personalidades dentro do mesmo indivíduo, e isso é verdadeiramente uma afronta ao homem moderno.

O inconsciente é algo tão forte e tão grande em nós que afirmar "termos um inconsciente" é ingenuidade ou pretensão. O mais cordato seria inferir que "somos um inconsciente", com uma pequenina parcela consciente, afinal é ele quem está a nos reger, independente de nossa vontade, muito mais do que somos capazes de identificar, aceitar ou imaginar.

Esta perspectiva psicológica é confirmada por Joanna em dois importantes momentos. O primeiro, declarado em 1997, ao dizer que "... é muito difícil dissociar o inconsciente das diferentes manifestações da vida humana, porquanto ele está a ditar, de forma poderosa, as realizações que constituem os impulsos e atavismos existenciais".[47] Depois de mais de uma década ela ainda voltou a confirmar: "A grande maioria dos atos e comportamentos humanos, na sua expressão mais vo

---

[XIII] - Para um estudo mais completo sobre o inconsciente freudiano na perspectiva espírita, sugerimos um texto de nossa autoria: "Freud e a estrutura psíquica: descobrindo o inconsciente" In: *Refletindo a alma: a psicologia espírita de Joanna de Ângelis*.

lumosa, procedem do inconsciente, sem a interferência da consciência lúcida".[48]

Se a grande maioria de atos procede do inconsciente, então, pouco se atribui à consciência.

Vejamos um exemplo simples. Há em **O evangelho segundo o espiritismo** um belo texto, conhecido da maioria, intitulado "O homem de bem".[49] Nele, Kardec aborda o comportamento do verdadeiro cristão ou do verdadeiro espírita:

> O verdadeiro homem de bem é o que cumpre a lei de justiça, de amor e caridade, na sua mais completa pureza (...). Tem fé no futuro, razão porque coloca os bens espirituais acima dos bens temporais (...). Faz o bem pelo bem sem esperar paga alguma (...). Retribui o mal com o bem (...). É bom, humano e benevolente para com todos (...). Em todas as circunstâncias toma por guia a caridade (...). Não alimenta ódio, nem rancor, nem desejo de vingança (...). É indulgente para as fraquezas alheias (...). Estuda suas próprias imperfeições (...).

A proposta evangélica é bela, coerente e estimulante. Temos certeza de nossa felicidade ao vivermos assim. Sabemos que é o verdadeiro caminho. Então, por qual motivo vivemos diferentes?

Certamente, a resposta não é o simples "porque não queremos". Almejamos a perfeição, mas ainda não conseguimos, embora nossa consciência tente nos direcionar.

Parece que uma parte de nós quer caminhar para frente e para cima, num percurso moral ascensional, mas existe algo que nos impede de sermos quem gostaríamos de ser – e desconhecemos essa outra parte de nós.

Desejamos reformular a conduta moral, buscamos a perfeição imediata, queremos viver o bem e o belo, mas ao mesmo tempo existe algo dentro de nós que nos derruba, com grande poder de infiltração, revelando, para aquele que for capaz de se analisar verdadeiramente, que somos piores do que imaginamos.

Paulo de Tarso, um dos maiores exemplos de verdadeiro cristão, peça fundamental na edificação do Cristianismo atual, assumiu para si mesmo e para a comunidade religiosa, a presença do inconsciente, embora com outras palavras.

Eis o dito do apóstolo dos gentios:

> Porque eu sei que em mim, isto é, na minha carne, não habita bem algum; e, com efeito, o querer está em mim, mas não consigo realizar o bem. Porque não faço o bem que quero, mas o mal que não quero, esse faço. Ora, se eu faço o que não

quero, já o não faço eu, mas o pecado que habita em mim. Acho então esta lei em mim: que, quando quero fazer o bem, o mal está comigo.⁵⁰

De alguma maneira, Paulo revela a realidade íntima de todos nós que intencionamos caminhar para o bem, mas ainda somos governados por forças desconhecidas. Ele sente uma cisão dentro de si, e por isso, fala desse rompimento na alma da humanidade. Isso é belo pela coragem que teve em mostrar que essa mesma estruturação cindida está presente em todos, inclusive nos que creem em Deus e que desejam a felicidade.

A palavra do grande seguidor do Cristo destrona a ilusão de que o mundano não prevalece em nós pelo simples fato de crermos e desejarmos o transcendente. Delata que os sentimentos não se submetem à inteligência, embora enriquecida de conceitos nobres, e que existem outras forças que dominam o comportamento humano, independente da vontade consciente.

Jung questiona: Por que geralmente estamos insatisfeitos? Por que não agimos com bom-senso? Por que não fazemos só o bem? Por que temos de deixar sempre um canto para o mal? Por que ora falamos demais, ora de menos? Por que repetimos bobagens que poderiam ser evitadas se pensássemos um pouco mais?⁵¹

O criador da Psicologia Analítica parece nos acusar de acomodação ou banalização desse desencontro interior, como se normalizando isso, não precisasse pensar sobre nossa realidade interior.

91

O inconsciente coloca constantemente em cheque a questão de "quem somos nós?", e não podemos nos envergonhar disso. Devemos aproveitar para contatar esse desconhecido que nos possui.

Chegar a essa conclusão – ter consciência de nossa inconsciência – já é uma parte significativa do processo de evolução. Identificar que vivemos uma guerra dentro de nós é passo fundamental para o equilíbrio de nossas emoções. Tornamo-nos capazes de inferir que o problema não está lá fora, mas sim dentro de nós, nos nossos complexos, na forma como vemos, sentimos e interpretamos o mundo à nossa volta.

Nossa vida emocional dimana desse mundo interior. Pintamos a tela da vida com a paleta de cores que dispomos em nosso inconsciente. E por isso, entendemos que não é possível desejar sentir ou não sentir determinada emoção, muito menos querer sentir alegria ou não sentir tristeza. Elas estão aí, falando algo de nós, revelando-nos, e por isso, precisam ser ouvidas, sentidas e elaboradas com respeito e amor.

As emoções são imagens dentro de nós, solicitando contato, diálogo, interação. Neurotizamos quando não permitimos esse fluxo entre consciente e inconsciente. Saúde, nesse sentido, não é conter ou silenciar a emoção, mas sim, dialogar com ela.

Compreender que são forças da alma com significados que precisam ser apreendidos para serem bem conduzidas. No caso da interrupção desse fluxo, o inconsciente torna-se pernicioso, pois tentará a todo custo nos fazer enxergar esse mundo interior – custe o que custar!

Jung apresenta um texto espetacular sobre o inconsciente:

> Pensa-se de um modo geral que quem desce ao inconsciente chega a uma atmosfera sufocante de subjetividade egocêntrica, ficando neste beco sem saída à mercê do ataque de todos os animais ferozes na caverna do submundo anímico. Verdadeiramente, aquele que olha o espelho da água vê em primeiro lugar sua própria imagem. Quem caminha em direção a si mesmo corre o risco do encontro consigo mesmo. O espelho não lisonjeia, mostrando fielmente o que quer que nele se olhe; ou seja, aquela face que nunca mostramos ao mundo, porque encobrimos com a persona, a máscara do ator. Mas o espelho está por detrás da máscara e mostra a face verdadeira.[52]

Para exemplificarmos o que abordamos até aqui e mostrar a plena consonância do conceito psicológico com os estudos espíritas e os ensinamentos cristãos, queremos relembrar o diálogo presente nos quatro evangelhos, que ficou conhecido por "a predição da negação de Pedro".[XIV]

[XIV] - Mt 26: 30 a 35; Mc 14: 26 a 31; Lc 22: 31 a 34; Jo 13: 30 a 38.

Os textos evangélicos relatam o anúncio, pela parte de Jesus, de que Pedro o negaria três vezes antes de cantar o galo. Em Mateus e Marcos ainda constam as palavras insistentes do apóstolo, a dizer que mesmo que fosse necessário morrer com o mestre, não o negaria.

Essa passagem retrata o desconhecimento de si mesmo, não só de Pedro, mas de quase todos os apóstolos, porque disseram o mesmo. Evidencia esse mundo interior que nos governa sem pedir autorização, e nos assusta, por pensarmos que ali se tratava de um eleito de Jesus, num momento culminante de sua vida, sendo tomado pelo inconsciente.

E isso nos faz pensar em quantas vezes temos esses avisos, seja pela vida ou por pessoas ao nosso lado, anunciando o que veem e sentem sobre nós, e os ignoramos, jogando fora a importante possibilidade de nos conhecer...

Constatar o inconsciente é reconhecer as profundezas do ser, para além do visto e percebido na aparência. Essa viagem nos permite adentrar o mundo encoberto de nós mesmos e acessarmos não apenas as forças primitivas, mas também as angelicais. Forças essas, condutoras de nosso comportamento e definidoras de nossa personalidade, para que juntas possam nos direcionar para as verdades libertadoras.

Dessa maneira, a tarefa do autodescobrimento amplia-se radicalmente, apontando-nos que o inconsciente é algo muito maior do que ainda somos capazes de entender ou perceber. E não podemos nos furtar dessa tarefa, pois o encontro com o inconsciente é o encontro conosco mesmos, que em nomenclatura espiritista chamamos de Espírito. Joanna deixa muito claro ao afirmar:

> Indispensável, porém, ter-se em mente a presença do Espírito, que transcende aos efeitos e passa a exercer a sua função na condição de inconsciente, depósito real de todas as experiências do larguíssimo trajeto antropossociopsicológico, de que se faz herdeiro nos sucessivos empreendimentos das reencarnações.[53]

Para concluir, trazemos aqui o texto de Carlos Torres Pastorino, psicografado por Divaldo Franco, que narra uma pequenina história do diálogo entre um peixe e uma gazela, retratando o receio que temos de sair de nosso mundo pequeno e limitado, contentando-nos com a sofreguidão das buscas, encontros e respostas imediatas, não ambicionando a fruição da plenitude. Limitamo-nos ao tempo e espaço linear, habituando-nos às dimensões estreitas da matéria sem nos dar conta das possibilidades enriquecedoras da mente ao expandir-se.

Narra-se que um peixe ficava sempre deslumbrado quando uma gazela dos prados vinha beber no lago onde ele vivia. Acostumou-se, de tal forma, que um dia se lhe acercou e tentou um diálogo com o belo e veloz animal. Timidamente, depois, sentindo-se aceito, com mais franqueza, interrogou: 'Onde você vive?', ao que o animal respondeu: 'No mundo imenso'. Curioso e feliz, voltou a indagar: 'E esse mundo imenso, é do tamanho do meu lago?' 'Não, não!' – redarguiu a outra, com jovialidade. – 'É muito grande, muito grande mesmo'. Algo assustado, o peixinho insistiu: 'Diga-me, por favor, é duas vezes, cinco vezes ou dez vezes maior do que o meu lago?' E ouviu a resposta que o estarreceu: 'É infinitamente maior, sem qualquer possibilidade de ter-se uma medida do seu tamanho'. O peixinho, antes sorridente, olhou a gazela feliz, e concluiu o diálogo: 'E você não tem medo de viver nele? Pois eu teria, sim'. E mergulhou nas águas amigas, aturdido e desconfiado com o exagero daquele animal presunçoso.[54]

Como o equilíbrio de nossas emoções depende desse fluxo harmonioso entre consciente-inconsciente, precisamos adentrar o mundo desconhecido, à busca pessoal, intransferível e inadiável.

CAPÍTULO TRÊS

INTRODUÇÃO ÀS EMOÇÕES

EMOÇÕES BÁSICAS

No dicionário, a palavra **emoção** quer dizer:

> Ato de deslocar, movimentar; agitação de sentimentos; abalo afetivo ou moral; turbação, comoção; reação orgânica de intensidade e duração variáveis, geralmente acompanhada de alterações respiratórias, circulatórias, etc. e de grande excitação mental. Provém do francês émotion (1475) 'perturbação moral'. Derivado tardio do latim **motio** 'movimento, perturbação'.[55]

A emoção é vista por deslocamento, movimentação, com diferentes intensidades que promovem um abalo. Tem fortes componentes orgânicos (alteração do sistema nervoso autônomo), incluindo alterações das funções neurovegetativas, como por exemplo, variação da frequência cardiorrespiratória, sudorese, pressão arterial.

Em **Dicionário de psicologia**, emoção é uma "... reação afetiva intensa que surge de forma aguda e de breve duração, determinada por um estímulo ambiental. Seu aparecimento provoca modificações nos níveis somáticos, vegetativo e psíquico".⁵⁶ Afirma a existência de quatro tipos de reações importantes que geralmente ocorrem nos quadros emocionais:

- As *reações fisiológicas* alteram as funções vegetativas como circulação sanguínea, respiração, digestão e secreção, tensão muscular, podendo gerar distúrbios da visão e da audição.

- As *reações viscerais* se manifestam com uma perda momentânea do controle neurovegetativo, com consequente incapacidade temporária de abstração do contexto emocional.

- As *reações expressivas* referem-se à expressão facial, às atitudes do corpo e à comunicação.

- As *reações psicológicas* manifestam-se na redução do controle de si mesmo, dificuldade de articular logicamente ações e reflexões e diminuição da capacidade de método, crítica e autocrítica.

Segundo Daniel Goleman, "O oxford english dictionary define emoção como qualquer agitação ou perturbação da mente, sentimento, paixão; qualquer estado mental veemente ou excitado".⁵⁷

Para Goleman, além das emoções existem outros três elementos: a) estado de espírito – é mais contido e tem duração maior que a emoção, como a irritação ou a rabugice; b) temperamento – é a disposição para evocar determinada emoção ou estado de espírito, que torna as pessoas melancólicas ou tímidas; c) distúrbios da emoção – determinam um estado tóxico do indivíduo como a depressão ou a ansiedade crônica.

São inúmeras as teorias acerca das emoções, algumas vezes dissonantes e até contraditórias. No próprio **Dicionário de psicologia** que citamos, há, dentro da classificação das emoções, quatro diferentes princípios de ordenamentos e o recorte de doze teorias consideradas mais significativas, que interpretam de maneira diferente as emoções.

Justamente por esse motivo, afirmamos que o estudo das emoções é algo complexo e plural. Complexo porque dentro da mesma teoria existem muitas facetas e intermináveis questionamentos sem respostas. Plural pelo número ilimitado de teorias, em diferentes áreas que se debruçam sobre este tema, e que nenhuma delas é capaz de atender a todas as demandas.

Algumas teorias sobre as emoções básicas

Apresentamos aqui algumas pesquisas que de certa maneira influenciaram para o estabelecimento das emoções analisadas pela nossa perspectiva psicológica e espírita.

O estudo das emoções na vida atual deve muito ao trabalho de Daniel Goleman, por ser um dos autores que aproximou a sociedade das emoções, de modo especificamente convincente, fundamentado em pesquisas da Fisiologia, Psicologia, da Neurologia. Junto com ele, uma avalanche de estudos científicos sobre o tema pautou-se nas novas tecnologias, em especial, na Neurociência.

Ao apresentar a teoria da Inteligência Emocional em contraponto ao desenvolvimento intelectual, o psicólogo norte-americano, PhD pela Universidade de Harvard, mostrou que a incapacidade de lidar com as próprias emoções pode destruir vidas e grandes promessas. E por afirmar, em seus estudos, que as dificuldades no campo emocional podem acabar com a carreira das pessoas, independentemente de seu desenvolvimento intelectual; em pouco tempo Goleman ganhou também o campo empresarial.

Em sua obra mais conhecida, **Inteligência emocional**, que leva o título de sua teoria, o autor transita com mais detalhes pelas questões da raiva, melancolia, medo e ansiedade. Ao final do livro, apresenta um apêndice com as principais emoções e classifica algumas delas como de um mesmo grupo ou família. Esclarece, porém, acerca da grande discordância dos autores em relação à tentativa de enquadrar as emoções e, principalmente, sobre o fato de questionar se existem mesmo certas emoções que podem ser chamadas de primárias ou básicas.

De qualquer forma, o que a obra identifica por principais candidatas a emoções primárias são: ira, tristeza, medo, prazer, amor, surpresa, nojo e vergonha.

Cultivo das Emoções

Para Goleman, nossa vida emocional é composta de um núcleo emocional básico, com parentes partindo dali em ondas de incontáveis mutações.

Certos autores, assim também o próprio Daniel Goleman, defendem que as pesquisas sobre as emoções devem muito ao trabalho desenvolvido pelo psicólogo canadense Paul Ekman (1934 -), e à sua teoria da universalidade das expressões faciais, por oferecer um substrato empírico ao tema.

Ekman fala que acabou por realizar esses estudos devido a dois "golpes de sorte". Inicialmente, influenciado por antropólogos e sociólogos, elaborou um projeto acreditando que as expressões e gestos eram socialmente aprendidos e, culturalmente variáveis.[58] Porém, ao longo desse tempo, entre debates e contratempos, acabou desenvolvendo – mesmo que sem grande interesse inicial – estudos interculturais de expressão facial das emoções, constatando que mesmo em lugares muito diversos como nos Estados Unidos, no Japão e no Brasil, existiam expressões faciais semelhantes.

Seu estudo teve maior impacto ao analisar as culturas pré-letradas e sem qualquer familiaridade com outra cultura a não ser a sua própria, em lugares isolados como Papua-Nova Guiné. Seus mais de quarenta anos de pesquisa lhe permitiram desenvolver a teoria da universalidade das emoções.

Para ele, a expressão facial é o mais breve dos sinais emocionais. Estabelece sete emoções que possuem uma expressão facial distinta e universal: tristeza, raiva, surpresa, medo, aversão, desprezo e felicidade.

O psicólogo explica que cada um desses termos emocionais corresponde a uma família de emoções afins, que variam em *intensidade* (ir do aborrecimento à fúria) e *tipo* (raiva emburrada, ressentida, indignada ou seca).

Ekman confessa que no início de seus estudos sabia que Charles Darwin tinha teorizado algo acerca da universalidade das emoções, mas tinha tanta certeza que o grande evolucionista estava errado que nem chegou a ler seu livro.

Darwin (1809-1882), muito antes, lançou **A expressão das emoções nos homens e nos animais,** comprovando que padrões comportamentais são características tão confiáveis e conservadas nas espécies quanto as formas dos ossos, dos dentes ou de qualquer outra estrutura corporal. Ele mesmo alerta que muitos trabalhos já haviam sido escritos sobre a expressão e a fisionomia, embora poucos pudessem acrescentar às teorias biológicas.

Desses estudiosos que ele cita, ressaltamos pela questão da cronologia dos estudos das emoções, há tanto tempo, Sir Charles Bell, em 1806, com descrições gráficas das emoções; Moreau, em 1807, abordando expressões fisionômicas de dor, concentração e medo; Dr. Burgess, em 1839, com a publicação de **A fisiologia ou mecanismos de enrubescimento**; e, em 1862, o Dr. Duchenne, a respeito dos mecanismos da fisionomia humana.

Cultivo das Emoções

O pai da teoria biológica da seleção natural afirma ainda que fez grande trabalho de observação com nativos que tiveram pouco contato com europeus, e que manteve correspondências com muitos observadores em diferentes partes do mundo, em especial com missionários ou protetores dos aborígenes. Estudou com bastante afinco fotografias que expressavam emoções em rostos humanos para testificar a universalidade das emoções, reconhecendo-as em culturas distantes do Ocidente.

A proposição darwiniana comprova a ação direta do sistema nervoso no corpo, tanto em animais quanto em seres humanos, apontando para esses indícios as marcas das forças da evolução em nós. Seus estudos incluíram casos de respostas emocionais de pessoas cegas, anulando a hipótese de as pessoas adquirirem expressões por imitação.

Em sua obra, ele também classifica o ódio, a suspeita, a inveja e o ciúme, de sentimentos, mesmo que não levem a uma ação imediata e não tenha demonstração exterior. Já a fúria, a alegria, a tristeza e o medo são vistos tais quais emoções, afetando movimentos voluntários e involuntários, percepções, sentimentos, pensamentos.

Esse olhar abriu bases para o desenvolvimento da Psicologia Evolutiva. Nessa perspectiva, as emoções são classificadas em quatro níveis: pré-emoções, emoções básicas, emoções cognitivas primárias e emoções cognitivas secundárias.

Segundo essa teoria, obtemos o seguinte quadro:[59]

PRÉ-EMOÇÕES	EMOÇÕES BÁSICAS	EMOÇÕES COGNITIVAS PRIMÁRIAS (exemplos)	EMOÇÕES COGNITIVAS SECUNDÁRIAS (exemplos)
Bem-estar	Felicidade	Contentamento	Amor
		Satisfação	Alegria
Desconforto	Medo	Ameaça	Vergonha
		Ansiedade	Ciúme
			Inveja
	Raiva	Irritação	Fúria
		Frustração	Desprezo
	Tristeza	Decepção	Luto
		Prostração	

Outro estudo importante para nós é o do professor Emilio Mira y López (1896-1964). Antigo professor de Psicologia e Psiquiatria da Universidade de Barcelona. Nascido em Cuba, residiu no Brasil em 1945. Doutorou-se em Medicina e tornou-se membro da *American Psychological Association*, da *Société Internationale de Criminologie*, e vice-presidente da Sociedade Interamericana de Psicologia. Esse grande estudioso da mente humana, em sua antiga e bastante conhecida obra **Qua-**

tro gigantes da alma (1947), apresenta uma análise do medo, da ira, do amor e do dever.

Esses autores e muitos outros apresentam aproximações e distanciamentos em suas teorias, reforçando a noção de inúmeros entendimentos sobre emoções e a impossibilidade de se estabelecer "a" teoria das emoções.

Entretanto, existe uma evidente conformidade entre quase todas as teorias que estudamos ao longo desses anos: as principais emoções presentes na vida do ser humano são o medo, a raiva, a tristeza e a alegria. Por isso, estabelecemos o estudo dessas quatro emoções básicas à luz do Espiritismo.

TEORIA DAS EMOÇÕES NA OBRA DE JOANNA DE ÂNGELIS

Joanna de Ângelis oferece-nos importantes textos de introdução ao estudo das emoções, dos quais nos chamam a atenção: **Autodescobrimento: uma busca interior** (1995), **O amor como solução** (2006), **Encontro com a paz e a saúde** (2007), **Atitudes renovadas** (2009), **Rejubila-te em Deus** (2013).

Na primeira encontramos uma proposta de avaliação da emotividade, responsabilizando o próprio sujeito para equacionar a incógnita que se é. Desde esse momento, deixa claro que as palavras de ordem são: direcionar, disciplinar, desenvolver, canalizar e vivenciar o potencial das emoções.

Essas ações são resultado do desejo de se libertar das emoções, de eliminá-las. Mas como fazer isso, posto que são "... um dínamo gerador de estímulos e forças para realizações expressivas, promovendo aqueles que a comandam, como pode fazer-se instrumento de desgraça, caso lhes fuja ao controle".[60]

O homem e a mulher, pela sua estrutura evolutiva, são, essencialmente, seres emocionais. Recém-saídos do instinto, em processo de conscientização, demoram-se no trânsito entre o primarismo – a sensação – e a razão, passando pela emoção.[61]

Na sequência, em **Amor como solução**, lançado em 2006, encontramos um capítulo repleto de definições e explicações sobre sentimentos e emoções. Resgata estudos da neurociência que, embora mereçam atenção e respeito, muitas vezes confundem as noções de causa e efeito, quando tentam justificar a origem das emoções em áreas específicas do cérebro, sem compreendê-lo na condição de intermediário.

Apresenta-nos as emoções na condição de faculdades do espírito, assim também a consciência, a afetividade, a sensibilidade, as sensações, a inteligência e a memória. E explica:

> Quando o espírito inicia o processo reencarnatório, o seu perispírito imprime nos genes e cromossomos os sentimentos, as sensações, as emoções que lhe tipificam o estágio, de modo que o cérebro, na sua condição de controlador do organismo, pode bem desempenhar as graves e complexas tarefas para as quais foi construído nos últimos quinhentos milhões de anos.[62]

Na obra **Encontro com a paz e a saúde**, no capítulo destinado à felicidade, encontramos algumas linhas abordando a diferença entre sentimentos e emoções, visto que ao longo do texto está construída a noção de felicidade como um sentimento agradável que resulta de emoções saudáveis. Igualmente, define sentimentos como

> As vivências do que é percebido pela emoção de maneira consciente, enquanto a emoção é o efeito espontâneo do organismo a qualquer ocorrência, produzindo descargas de adrenalina pela corrente circulatória, que se encarrega de pôr brilho nos olhos, colorir a face, sorrir (...).[63]

A mentora explica que a emoção produz o sentimento, posto que a primeira funciona automaticamente, sem consciência direta da ocorrência, enquanto os sentimentos são percepções conscientes das ocorrências.

Em **Atitudes renovadas**, recebemos um verdadeiro presente para estudar as emoções. Além de um capítulo específico com esse título, Joanna oferece reflexões sobre muitos temas tais quais a tristeza, os complexos e projeções, a afetividade conflitiva, a fragilidade emocional, a compaixão, a felicidade, a ditadura do ego, ressentimento, ódio, altruísmo, sofrimentos, estresse e doenças.

Ali encontramos a definição de emoção, provinda do verbo latino *emovere*, que significa mover ou movimentar, "(...) sendo, portanto, qualquer tipo de sentimento que produza na mente algum tipo de movimentação, que tanto pode ser positiva, negativa ou mesmo neutra".[64]

Novamente, ela apresenta a noção de que o resultado positivo ou negativo depende do direcionamento que damos às emoções, afinal são as responsáveis pelos crimes hediondos e pelas grandes realizações da humanidade. As classificações possíveis são conforme os propósitos e as consequências de cada uma. A exemplo da tristeza, embora considerada socialmente negativa, pode ser extremamente positiva se bem conduzida, levando o sujeito à reflexão e ao ajustamento ou à depressão pela falta de consciência.

Joanna afirma: "São as emoções responsáveis pelos crimes hediondos, quando transtornadas, assim como pelas grandes realizações da humanidade, quando direcionadas para os objetivos dignificantes do ser".[65]

Também classifica as emoções, do ponto de vista psicológico, de agradáveis ou perturbadoras, sendo que nosso esforço deve ser o de transformar as nocivas em úteis. Esse é um trabalho interno, a partir da consciência que tomamos de nós mesmos e dos valores que nos caracterizam, pois se as emoções se expressam prejudiciais, é porque algo em nós está mal.

Por fim, ainda citamos a mais recente obra, **Rejubila-te em Deus**, também com profundas reflexões acerca da vida emocional da atualidade. A mentora

Cultivo das Emoções

aborda inúmeros temas conflituosos do cotidiano, entre eles, traições, intriga, arrogância, culpa, afetividade conturbada, pânico, além de tratar da flexibilidade, misericórdia, confiança, compaixão e compreensão, sabedoria, paciência e da responsabilidade.

Temos ali importantes explicações acerca do hemisfério direito do cérebro – responsável pela beleza, pela arte, pelos sentimentos que expressam a vontade e a Lei de Deus; e do hemisfério esquerdo, ligado ao conhecimento e à lógica. Joanna sugere trabalharmos o hemisfério direito, exercitando os valores da emotividade, da inspiração e do serviço de solidariedade humana. "O conhecimento que abre as janelas da alma para a percepção da realidade, quando não é nutrido pelo sentimento ético, conduz à cegueira da razão".[66]

A dimensão emocional, por equívoco social, tornou-se sinônimo de fraqueza, de instabilidade ou de desequilíbrio. O patriarcado pressupõe a soberania do controle, a da autonomia e do raciocínio. Sentimos como se as emoções tirassem nosso controle, nos deixando à mercê de um mundo desconhecido, rompendo com nossa racionalidade.[xv]

[xv] - Muito do que hoje compreendemos a respeito das emoções se iniciou com o estudo do medo. Segundo Daniel Goleman em *Inteligência emocional*, capítulo dois, as pesquisas sobre medo em animais, realizadas por Joseph LeDoux, revelaram que a arquitetura do cérebro dá à amígdala – parte do sistema límbico – uma posição privilegiada como sentinela emocional, capaz de assumir o controle cerebral. Ele invalidou a tese até então predominante, mostrando que a reação emocional existe mesmo antes do envolvimento cortical. A ideia de o sistema límbico ser o centro emocional do cérebro foi introduzida pelo neurologista Paul

Observamos que quando atuam desgovernadamente, o fazem devido à repressão ou à falta de cuidado a que as impomos. Quanto mais negamos ou abandonamos, mais intensas se tornam e, de forma mais violenta e devastadora acontecem na vida.

Aliada a outros fatores, a temática das emoções foi evitada até aqui, não apenas em estudos espíritas, assim também no diálogo das relações conjugais, nas amizades e até mesmo no processo terapêutico.

Desejamos superar a noção de que as emoções sejam ignorantes, alienantes ou desmoralizantes. Elas não podem ser banidas de nossas vidas. São divinas e nos ensinam outra forma de viver, impulsionando-nos a agir diferenciadamente. Elas são os olhos da alma.

MacLean há muitos anos. As novas descobertas têm aperfeiçoado o conceito, mostrando que a amígdala é especialista em questões emocionais, funcionando como um depósito da memória emocional. Estes estudos afirmam que qualquer paixão depende dela, e se retirada ou seccionada, nos tornamos incapazes de sentir medo, raiva ou de ir às lágrimas. Ao mesmo tempo, essas observações são fundamentais para compreendermos a ineficácia da razão em muitos estados emocionais, principalmente nas reações imediatas, sobrando apenas a reflexão posterior através de uma análise mais aprofundada da situação.

EMOÇÕES PERTURBADORAS

Sabemos que as emoções perturbadoras são resultado dos hábitos insalubres de se entregar a elas sem resistência. Decorrem do excesso de autoestima, do apego aos bens materiais e às pessoas, e do orgulho, entre outros fatores negativos.[67]

A proposta é de uma reflexão para a mudança de postura. E, obviamente se propaga no entorno. Refletir sobre a orientação saudável das emoções obriga-nos a analisar a condição interior, entendendo que a exterior é apenas sua consequência.

Em **Atitudes renovadas**, a mentora espiritual faz uma colocação essencial, para a compreensão das perturbações emocionais: "Quando se expressam prejudiciais, o indivíduo tem o dever de trabalhá-las, porque algo em si mesmo não se encontra saudável nem bem orientado".[68]

Essas colocações nos põem na condição de autores de nossas próprias emoções, ou pelo menos, responsáveis pelas expressões delas em nossas vidas. Consolidamos que as emoções não são meros acidentes das relações, muito menos eventos provocados pelo mundo externo, a dizer: "Fulano me deixou triste", ou "Beltrano me tirou do sério". Compreendemos que as emoções decorrem das paisagens interiores do ser. Então, lidar com elas pressupõe trabalho interno anterior à expressão emocional em si.

Por isso, Joanna nos ensina que "Não se deve lutar contra as emoções, mesmo aquelas denominadas prejudiciais".[69]

E Jung diz: "O homem que não atravessa o inferno de suas paixões também não as supera".[70]

A depender da forma como vivemos nossas tristezas descarrilamos para a depressão. Assim também o medo sem freios nos conduz à ansiedade ou ao pânico, e a raiva, nos impele à violência e aos descontroles comportamentais.

De maneira precisa, Joanna informa: "Acredita-se que a supressão da angústia, da ansiedade, da raiva proporciona felicidade. Não será com o desaparecimento de um tipo de emoção que se desfrutará imediatamente de outra".[71]

As emoções exigem presença, cuidado e consciência. Precisamos saber o que está dentro de nós, para governarmos um pouco melhor nossa vida interior.

Em tempo, apresentamos algumas reflexões de Joanna de Ângelis, por serem formas de treinamento íntimo para criar novos condicionamentos para uma conduta ditosa e tranquila em relação às nossas emoções:

Cultivo das Emoções

> Considera a própria fragilidade que te não faz diferente das demais pessoas. Observa o esforço do teu próximo e valoriza-o. Treina a paciência ante as ocorrências desagradáveis. Reflexiona quanto à transitoriedade da posse. Medita sobre a necessidade de ser solidário. Propõe-te a adaptação ao dever, por mais desagradável se te apresente. Aprende a repartir, mesmo quando a escassez caracterizar as tuas horas.[72]

Notemos que há um trabalho interior constante, uma viagem profunda para dentro de nós mesmos, sem nos prendermos à fachada que pouco importa.

Aprendemos a diluir certos sentimentos negativos mediante outros de natureza harmônica e saudável. Mas, isso não deve ser confundido com a atitude mascarada de quem é agredido e crê que vai diluir sua raiva apregoando: "Eu estou orando por esse irmão, pois é um coitado", ou daquele outro ao afirmar que não vai sentir raiva, "Pois Deus é justo e fará justiça". Em verdade, esses estão envenenados, sem perceberem, por outras faces da raiva – desprezo e desejo de vingança. Outras vezes os camuflamos com nossa aparente superioridade, falando que perdoamos para tentar provar que somos maravilhosos.

Também não se dilui a tristeza sobrepondo um sorriso de alegria, forjando um estado falso da alma que está angustiada. Se a vida emocional decorre do estado interior não serão palavras, gestos ou aparências, que modificarão efetivamente o estado emocional.

A substituição dos sentimentos adoecidos pelos saudáveis se dá pela alteração dos valores internos em profundidade – resultado obtido com grandes esforços, persistência no tentame e disciplina interior.

Quando se abre a uma perspectiva menos egocentrada, pensando bem e corretamente a respeito da sua importância, do seu lugar no mundo e da interação com os demais, as emoções negativas diluem-se e deixam de impulsionar o indivíduo aos abismos da rebeldia ou do fechamento. Mais do que isso, a própria reflexão sobre as emoções move o sujeito à transformação para uma conduta divina.

É necessário posicionarmo-nos frente a frente com nossas emoções, dialogar e aprender com elas, cultivando-as adequadamente.

Somente com essa postura reconheceremos nossas pendências, questões e complexos. E assim, nos abriremos a uma existência mais harmoniosa, advinda de uma presença sólida e enraizada em nós, em nossa essência, e em Deus, tornando-nos inabaláveis frente às intempéries do mundo.

CULTIVO DAS EMOÇÕES

O título "Cultivo das emoções" surgiu inesperadamente. Temos utilizado diferentes termos em referência às emoções, ao longo desses vários anos de cursos e seminários, na tentativa de manter uma postura específica que pretendíamos esboçar em relação ao equilíbrio de nossa vida emocional.

Quando começamos a estudar mais detidamente, percebemos que cada verbo relacionado com as emoções expressava, de alguma forma, uma postura diferente e, às vezes, incoerente em relação ao homem integral.

Nos meios religiosos, muito se fala em "disciplinar as emoções". Disciplinar parece adequado em vários aspectos. Mas, à medida que ampliamos o entendimento dessa vida emocional, percebemos o quanto essa expectativa de colocar nossas emoções "no trilho" pressupõe controle e equilíbrio inacessível, com sentido mais representativo do que harmônico.

Ainda como filhos do patriarcado, ensinamos a "conter as emoções", "engolir o choro", "apagar a raiva", "acabar com o medo".

Qualquer um que estude um pouco acerca do assunto, sob qualquer vertente, assume que as emoções não se submetem aos simples desejos do ego. E pior, se rebelam e nos tomam o suposto equilíbrio.

Em certos momentos nos utilizamos da expressão "escutar as emoções", parecendo oportuno por termos nos afastado tanto de nós mesmos que deixamos de ouvi-las. Aprender isso fará com que nosso próprio corpo não precise mais se expressar através de sintomas e dificuldades. Mas ouvir ainda parece pouco, em relação ao grande compromisso que devemos ter com elas.

Na maior parte do tempo usamos o termo "educar as emoções". Educação pode ser interpretada tal qual o processo de extrair, trazer para fora. Essa interpretação contrapõe-se à noção de que mudamos as pessoas ao enriquecê-las com bons conteúdos, e que com isso, elas se transformam em seres humanos melhores.

Educação pressupõe extrair o potencial, trazer para fora as capacidades, a exemplo de Sócrates, grande educador, que atuava igual a um parteiro das almas.

Mas, entendemos que as emoções não estão prontas em nosso interior, para simplesmente serem extraídas. Muitas vezes, representam o lado primitivo, inferior, e assim há um trabalho específico maior e mais complexo do que simples extração, sob o risco de produzir mais estragos.

Cultivo das Emoções

Os termos dizem algo importante sobre elas, pois muitas vezes precisamos disciplinar nossas emoções, outras ocasiões apenas ouvi-las e, em certas circunstâncias, educá-las. Mas nenhuma dessas expressões ainda representa, a nosso ver, a postura que precisamos assumir frente ao mundo emocional.

Certo dia, antes de iniciarmos o seminário em uma cidade do Estado de Santa Catarina, tivemos um *insight*. Há algum tempo, mesmo inconscientemente, começamos a usar imagens de flores nos *slides* dos seminários a respeito de emoções. E nesse dia específico, aguardando a oportunidade de iniciar a fala, olhando para uma linda tulipa branca usada na apresentação, ficamos inebriados pela reflexão que nos veio, de tudo que havia sucedido para que aquela flor tivesse crescido e se tornado tão bela quanto a gravura apresentava. Surgiu um *flash* de todas as variáveis que foram atendidas na medida certa para que ela se desenvolvesse, nada a mais nem a menos. E além de todos os cuidados, foi necessário esperar pacientemente o tempo dela, submetendo-se às características próprias daquela espécie, sem forçar o ritmo da natureza ou desejar impor-se.

Constatamos o quanto nossas emoções, assim também as flores, precisam ser *cultivadas*, cada uma dentro de sua especificidade, a seu tempo, de um jeito próprio, quase particular.

A partir de então, começamos a estudar e a falar sobre cultivá-las, inspirados pelas flores de nossas apresentações.

Passados alguns anos, assistimos a uma aula encantadora da analista junguiana Renata Cunha Wenth, a quem muito somos gratos e, que nos falou sobre Psicologia Arquetípica, James Hillman e o "cultivo da alma".

A proposta desse expressivo pós-junguiano é revolucionária em termos da compreensão a respeito do ser, identificando o humano imerso no âmbito das imagens míticas.[73]

Hillman explica que cultivar é imaginar do ponto de vista da alma, tendo-a por sua preocupação maior, uma vez que imagens são psique, sua substância e sua perspectiva. Para ele, imaginar significa libertar os eventos de sua compreensão literal para uma apreciação mítica, portanto, o

> Cultivo da alma – neste sentido, equipara-se com des-literalização – aquela atitude psicológica que suspeita do nível dado e ingênuo dos acontecimentos e o rejeita para explorar seus significados sombrios e metafóricos para a alma.[74]

Sabemos que a dimensão arquetípica nos desvencilha do moralismo, amplia o entendimento a respeito de nós e do mundo, e interpreta as emoções menos pessoalizadas. Mesmo sem nos atermos à profundidade desses estudos, sentimo-nos motivados a consolidar o trabalho do "cultivo das emoções".

Cultivo das Emoções

Cultivar emoções

O verbo "cultivar" tem vários significados na língua portuguesa, entre eles: "... tratar (a terra), revirando-a, regando-a etc.; plantar com cuidados especiais; promover o desenvolvimento de".[75]

Ao nos referirmos às plantas, "cultivar" está identificado como uma técnica, uma forma de cuidado para a sobrevivência delas. No entanto, quando se trata do ser humano, tudo se torna muito mais profundo e até poético.

O jardineiro e seu ofício nos fazem pensar sobre a relação que temos com as emoções. Ele não produz o solo, muito menos a semente, ele apenas cultiva. Assim também somos, afinal não produzimos nem criamos nossas emoções. Elas fazem parte de nós e Deus nos oferece, como a semente ao jardineiro, e precisamos cultivar se quisermos obter suas lindas flores. Por mais que o jardineiro se debruce sobre a semente, fazendo o melhor que possa, será nada mais que o simples jardineiro, nunca o autor da obra. Então dizemos que, por não sermos os criadores das emoções, precisamos aceitar o papel de cocriadores de Deus, tal qual o jardineiro o é da natureza.

Se deixarmos a semente sobre a mesa ou sobre a terra, sem cuidado, certamente não teremos flores. E assim se verifica com a nossa vida emocional. Se não dermos espaço e não oferecermos os cuidados necessários, ela jamais se realizará, atingindo seu potencial.

Cultivar as emoções é comprometer-se com a parte que nos cabe em relação a elas, em um equilíbrio que nos faz enxergar as necessidades individuais, equilibrando-se entre a repressão e a atuação desgovernada quando somos completamente tomados pelas emoções.

Do mesmo dicionário, cultivar é "... empenhar-se em manter, levar adiante (alguma coisa) por tempo geralmente prolongado".[76]

Aqui se refere mais claramente aos hábitos e nos permite acrescentar outro aspecto do contato com nossa vida emocional: a relação contínua e duradoura.

Ninguém cultiva uma planta apenas nos dias iniciais. Ela precisa de cuidado durante todo o tempo de sua existência. Se deixarmos de cultivá-la após a primeira florada, se não continuarmos a oferecer os cuidados necessários, certamente ela perecerá. Se o jardineiro abandonar seu jardim, após os primeiros resultados, não verá benefícios futuros. E assim é com nosso mundo emocional necessitado de atenção permanente, em constante interação de forças, visando ao equilíbrio interior.

Também é preciso pensar que um jardineiro não repete inadvertidamente as mesmas ações, em todos os meses, nem o mesmo tipo de cuidado ao longo das estações do ano. Há tempo de preparar o solo, de semear, de regar, de esperar, de ver desabrochar a flor. Assim também precisamos compreender o tempo dentro de nós. Há dias em que nos alegramos; outros em que entristecemos. Há dias para ouvir nossos medos, e também há momentos em que precisamos silenciá-los.

Cultivo das Emoções

Cultivar também é "... dedicar-se a (estudo, saber, conhecimento teórico e/ou prático)".[77]

Isso nos instiga a pensar que cada espécie de planta exige cultivo específico, dedicação, entendimento. Algumas plantas precisam de sol, enquanto outras, apenas de claridade. Para determinadas espécies é preciso pouca água e para outras, muito mais. Há aquelas que necessitam de solo profundo e com muitos nutrientes, mas há as que sobrevivem a situações precárias. Além disso, existe a ação do vento, da chuva, a mudança das estações, em que cada planta reage de um modo específico.

Esse é nosso mundo emocional. Não existe uma fórmula mágica para ele. Bom seria se houvesse uma medida padrão, com respostas prontas e acertadas. Mas não há.

Existem características próprias: o medo é uma energia de preservação, a raiva é uma energia de movimento, e a tristeza, uma energia de introspecção. Contudo, cada emoção, em cada vida, tem suas próprias questões. Não existe uma forma determinada ou exata de equacionar, afinal essas energias encontrarão caminhos próprios dentro de cada um de nós, conforme nossa disponibilidade.

Cultivar as emoções enquanto dedicação implica oferecer os melhores cuidados, atendendo a suas necessidades, para que realizem todo seu potencial divino que já está ínsito.

Por isso, cultivá-las é conectar-se às suas nascentes, identificando de onde vêm as suas necessidades, verificando o que precisam, e as suas potencialidades, aceitando seu destino em nós.

Também inclui o estudo, o saber teórico e prático, para identificarmos a presença de cada uma delas em nós, diferenciá-las das demais, entender seu funcionamento e, principalmente, seu sentido naquele momento.

O gatilho da raiva em alguns pode ser diferente em outros, do mesmo modo como cada pessoa vive e expressa essa energia.

Este livro visa ao autodescobrimento e ao estímulo à intimidade de cada um com suas próprias emoções. Não objetiva oferecer respostas e enquadramentos comportamentais determinados, sob o risco de nos enxergar iguais a máquinas ou exigirmos posturas artificiais e mascaradas, que ocultam as profundezas aturdidas de uma conduta aparentemente exemplar.

Aprender a cultivar nossas emoções é uma arte que precisa de envolvimento e entrega. Ninguém aprende a pintar um quadro específico, mas sim, aprende a pintar. Nem se ensina uma música apenas, mas aprende-se música. Nosso intuito ao apresentar o "cultivo das emoções" é refletir sobre a arte de nos relacionar com esse mundo interior, tal qual um jardineiro amainando o solo de nossas almas, tornando mais férteis nossos corações e mentes, para que as emoções possam germinar e florescer em nós, como forças divinas, conduzindo-nos ao Pai.

CAPÍTULO QUATRO

O MEDO

O MEDO

O medo, "O Gigante Negro", nas palavras de Mira Y López, é uma emoção extraordinariamente complexa, integrada pela combinação de vários processos que surgiram ao longo da evolução biológica. Além de ser o mais antigo de nossos inimigos anímicos, é também o mais astuto e capaz de se mascarar.[78]

É de difícil aceitação por ser associado à fraqueza, ao isolamento ou à inferioridade, principalmente no mundo das relações de aparência. É a primeira emoção em termos de desenvolvimento humano, uma energia de preservação, absolutamente necessária à nossa sobrevivência. Tem diferentes facetas e intensidades, produzindo benefícios e prejuízos, conforme as circunstâncias e a forma como nos relacionamos com ele.

Comparado às estações do ano, o medo seria o inverno, por ser um estado de esfriamento, de fechamento, de paralisação. É destrutivo para os incautos, mas não para os previdentes. Exige mais discernimento e análise das situações e das consequências. Talvez seja no inverno quando mais adoecemos fisicamente e também ficamos mais isolados, sem vontade de sair. Mas quem disse que ficar em casa é um problema? Dependendo do ângulo pelo qual analisamos, do tempo que permanecemos e dos motivos pelos quais nós nos fechamos, isso pode ser importante e, muitas vezes, necessário. Esse estado tem seus benefícios quando vivido comedidamente.

Sem medo não teríamos sobrevivido enquanto civilização, mas também não sobreviveríamos se tivéssemos sido dominados por ele.

Ao analisá-lo pela perspectiva do cultivo das emoções, simbolizamos o medo com a *coroa-de-cristo* (*Euphorbiamilii*) que é um arbusto com longos ramos e com muitos espinhos. Também é conhecida como "coroa de espinhos", "dois irmãos", "bem-casados". Por causa dos espinhos afiados, semelhantes às agulhas, a *coroa-de-cristo* é utilizada por cerca viva, por manter, assim como o medo, pessoas e situações a certa distância, gerando um estado de proteção. É considerada medicinal, porém perigosa, pois seu látex provoca irritação ao contato com a pele, queimação e intoxicação quando em contato com as mucosas do corpo. De fácil multiplicação, igual ao medo, caso não seja acompanhada em seu crescimento, pode gerar prejuízos impedindo passagens e prejudicando a utilização dos espaços. Cultivada adequadamente, além da beleza singular por ofertar pequeninas flores de cores vibrantes, sempre aos pares, é extremamente útil.

Ao longo deste capítulo, pretendemos definir o medo, facilitar a identificação dele em nossas vidas através de suas facetas, refletir acerca de algumas classificações, para então, tentar compreendê-lo pela pers-

Cultivo das Emoções

pectiva do cultivo das emoções. Dessa forma, nos situaremos até onde devemos estimular o seu crescimento, por se tratar de aspectos benéficos, e onde deve começar a poda, para evitar mais prejuízos, nos impondo à emoção, como o jardineiro faz com a *coroa-de-cristo*, para que esse arbusto mantenha sua beleza e não se torne um problema, obstruindo caminhos em nossas vidas.

DEFININDO O MEDO

O Dicionário Houaiss da língua portuguesa define esse vocábulo como

> Estado afetivo suscitado pela consciência do perigo ou que, ao contrário, suscita essa consciência; temor, ansiedade irracional ou fundamentada, receio; desejo de evitar, ou apreensão, preocupação em relação a algo desagradável.[79]

Por essas palavras verificamos como é imprecisa a definição do medo. Percebemos também que nenhum sentido faz compararmos os medos, ou dizermos para as pessoas simplesmente não os sentirem. Quando tememos, parece que uma campainha de "perigo" é tocada internamente e, adentramos um estado fisiológico e psicológico diferente.

Mas, primeiramente, para começarmos a entender essa emoção em nossas vidas, precisamos nos perguntar: O que é realmente perigoso?

Alguns de nós temos certeza de que os dias atuais são perigosos: as grandes cidades, as drogas, a violência etc. Outros creem que seja perigoso viajar de avião ou de carro. Podemos temer uma pequena aranha, enquanto outros se aproximam tranquilamente de animais selvagens. Podemos ter medo de sentir dor, de assalto, de estupro, ou dos mais subjetivos, mas nem por isso, menos dominadores, como o de ser demitido do trabalho, de ser traído pelo parceiro (a), de ser rejeitado pelos filhos, da solidão.

O **Dicionário de psicologia** define tal termo da seguinte maneira: "... emoção primária de defesa, provocada por uma situação de perigo que pode ser real, antecipada pela previsão, evocada pela lembrança ou produzida pela imaginação".[80]

Além dos diferentes motivos que nos suscitam o medo pelas características pessoais, ainda é preciso considerar a existência de medos decorrente da nossa imaginação. Temos esse sentimento em situações concretamente inofensivas, diante de uma barata ou até de nos declararmos afetivamente para alguém.

De modo semelhante, podemos perceber nas duas definições a presença desse impulso de defesa, que parece irrefletido, demonstrando que o medo tem uma importante função em nossas vidas: a autopreservação.

Segundo Daniel Goleman[81] por meio das pesquisas sobre medo em animais, realizadas por LeDoux, constatou-se que antes do córtex perceber a informação plenamente, ela é enviada à amígdala, num circuito menor, que recebe o estímulo, avalia a informação e orquestra seu modo de medo de forma mais ágil e independente do processamento dos centros corticais.

Certos autores dizem que esse circuito, capaz de contornar o neocórtex, como uma viela neural que permite uma resposta mais imediata, embora menos elaborada, foi o que possibilitou nossa sobrevivência, afinal, se não houvesse esse sistema extremamente rápido acionando a reação de lutar ou fugir, certamente não estaríamos aqui hoje.

Mas se essas reações imediatas, em muitas circunstâncias, atuam a favor da nossa sobrevivência, certamente, em outras nos prejudicam se não soubermos discernir quando são necessárias ou não. Esses estudos explicam que a reação de medo ocorre inicialmente sem a participação do neocórtex, mas isso não impede que essa instância superior atue na sequência, oferecendo mais discernimento à situação. O que nos dizem é que esse sistema emocional dará respostas imediatas e terá sua eficiência quando não há possibilidade de reflexão. Precisamos então, aprender com o tempo, nas situações que se repetem em nossa vida, a perceber plenamente os estímulos e oferecer uma resposta mais elaborada e condizente com a situação, tal qual alguém que vai aprendendo a assumir o controle de seu próprio cérebro, nas oportunidades que a vida oferece.

Em uma análise do processo antropossociopsicológico, Joanna de Ângelis apresenta um breve histórico do lento desenvolvimento do psiquismo humano por meio das sucessivas experiências carnais. Desde a vida na floresta, onde tudo se apresentava agressivo, até a conquista do pensamento lógico, o homem ainda não conseguiu superar os automatismos a que se encontra fixado, para melhor agir, em vez de reagir. Nesse estudo, ela nos apresenta o medo como a primeira emoção, acompanhando as sensações primárias dos prazeres da alimentação, do repouso e do sexo, que se transferiu, de geração em geração, até os nossos dias, nas variantes de receio, pavor, fobias.[82]

Paul Ekman afirma que houve mais pesquisas em relação ao medo que qualquer outra emoção porque é fácil despertá-lo em quase todos os animais.[83]

As diferentes classificações revelam a impossibilidade de se chegar a uma teoria única – já que existem inúmeras – e, principalmente, o quanto é difícil conceituá-lo e estudá-lo devido à abrangência do tema.

Entretanto, estamos convictos da sua presença em nós e da sua importância. Bem temos conhecimento de que se não soubermos lidar com ele, tornar-se-á um infelicitador de vidas e deveras destrutivo.

IDENTIFICANDO O MEDO

Umberto Galimberti descreve:

> O medo é frequentemente acompanhado por uma reação orgânica, determinada pelo sistema nervoso autônomo, que prepara o organismo para a situação de emergência dispondo-o, embora não de modo específico, à preparação das defesas que em geral se traduzem em atitudes de luta e fuga.[84]

Em geral, o associamos à fuga, a deixar de fazer algo. Com medo nos escondemos, desviamos ou evitamos. Quando temos de conversar com nosso chefe para resolver um determinado problema e sentimos medo, tendemos a nos esquivar, adiando o máximo possível esse encontro. Assim também se dá nas nossas relações amorosas ou de amizades, quando, por vezes, evitamos o enfrentamento. Quando temos medo de dirigir, de sair à noite, de falar em público ou de altura, irrefletidamente fugimos dessas situações. Porém, quanto maior for o adiamento, maior será a dificuldade, a ponto de algumas pessoas desencadearem crises de pânico ao serem expostas ao objeto de medo.

A paralisação ou o congelamento, que alguns autores entendem por terceiro elemento, pode ser vista como uma das formas de fuga. Não uma fuga externa, mas uma evasão interna, congelando o comportamento, e principalmente tentando rejeitar a vivência consciente daquela situação difícil. Congela-se a experiência interna como tentativa de sobrevivência psíquica, contudo, desencadeia-se o trauma, cristalizando a vivência emocional não vivida conscientemente.

Podemos assumir também comportamentos de luta, ou ataque. Há pessoas que quando se assustam, gritam e/ou batem.

Muitos comportamentos de ataque estão ligados ao medo, embora não sejam assim identificados. Agredimos o outro por nos sentirmos indefesos, por receio de sermos machucados, ou para não sermos abandonados.

Cada pessoa terá uma reação, como em um assalto em que podemos partir em fuga desesperada, paralisarmos ou agredirmos, num comportamento tão instintivo que não avaliamos o risco ao qual nos expomos.

Goleman diz que, no instante do medo, o sangue corre para os músculos esqueléticos, como os das pernas, facilitando a fuga; a face fica lívida, já que o sangue lhe é subtraída. Ao mesmo tempo, o corpo imobiliza-se, ainda que brevemente, talvez para permitir que a pessoa considere também a possibilidade de fugir ou se esconder. O cérebro dispara torrentes de hormônios

Cultivo das Emoções

que põem o corpo em alerta geral, tornando-o inquieto e pronto para agir. A atenção se fixa na ameaça imediata, para melhor calcular a resposta a ser dada.[85]

Ekman diz que, nessa situação, as mãos esfriam, a respiração fica mais profunda e rápida, há transpiração e talvez tremores ou enrijecimento dos músculos nos braços e pernas.[86]

Existem autores que descrevem os prejuízos no sistema digestivo, tão comuns nas situações de medo e ansiedade. Também são perceptíveis as alterações na respiração e nos batimentos cardíacos, sinais esses que nos permitem identificar nosso estado emocional, mesmo quando disfarçamos para nós mesmos.

Possibilitando mais identificação, recorremos a esses autores para estabelecer outras facetas dessa emoção, considerando-a um núcleo do qual decorrem muitas outras formas de manifestação da mesma nascente.

Em sua forma menos intensa, apresenta-se em forma de modéstia, prudência e preocupação, elementos importantes de ser analisados, pois quando decorrem do medo camuflado não exercem seu papel adequado. Por exemplo, a modéstia, que seria produto da humildade, demonstra ao sujeito seu adequado lugar no mundo, ou a prudência que ensina a aproximar-se devagar; ambas são virtudes importantes para o desenvolvimento de qualquer tarefa e não desempenham adequadamente sua função quando são movidas pelo medo.[87]

Mira y López ainda acrescenta às facetas do medo, a timidez, a escrupulosidade, o pessimismo, o ceticismo; e como máscaras menos comuns: o tédio, a vaidade, a hipocrisia e a mentira. Vejamos um pouco mais do que o autor descreve a respeito de cada uma delas, pela precisão que tem em analisar o comportamento humano.[88]

Timidez: Destaca que uma pessoa tímida é aquela que sofre, de forma permanente, uma atitude de medo ante o fracasso ou o ridículo em seus intentos de relações e êxitos sociais. Diz que o tímido não o é tanto pela falta de sentimento de autoestima e crença de autoinsuficiência, senão por ser excessivamente ambicioso e não querer arriscar seu bem guardado "amor-próprio", na balança imprevisível dos atos que serão julgados por terceiros.

Escrupulosidade: O comportamento que pretende aparentar de retidão impecável é exterior, pois no fundo, o escrupuloso é um pequeno covarde irritado, deixando complicados negócios em seu íntimo. A atitude escrupulosa, de "pôr os pingos nos *is*", encerra, implicitamente, tanto dose de medo quanto de agressividade. Sentir um escrúpulo é sucumbir ante a dúvida de que algo esteja errado, quando não parece estar; então, o indivíduo quase sempre tem a reação de deter-se no limiar de um ato ou de uma conclusão esperada, com o que irrita aquele que esperava a continuidade de sua conduta.

Pessimismo: Afirma não haver dúvida que o pessimista seja mais que uma "ave agoureira"; é também um covarde que procura justificar-se com supostas razões. Enfim, é um indivíduo que exibe seu medo camuflado. Diz-se que o pessimista busca a alegria, mas falta-lhe a coragem para conquistá-la. Por isso, o melhor remédio para ele é se ocupar com a ação, mais que a preocupação com o fracasso.

Ceticismo: Explica que o cético, quando não é um vulgar *poseur*, ou seja, uma pessoa que quer ser aquilo que não é, também é crente, mas um crente absurdo, pois crê que não crê, isto é, estima não estimar, tem fé na falta de fé, valoriza a desvalorização. Não obstante, uma atitude paradoxal facilmente explicável, levando-se em conta que é ditada pelo medo.

Tédio: Segundo o raciocínio do autor, a pessoa entediada tem medo de ficar consigo mesma, e se deprime quando não tem nada que a distraia ou proteja contra o medo de si mesma, de sua própria vacuidade. Quando sente a invasão paralisante e enervante do medo, para se defender dela, recorre a mil estratagemas: passeia de um lado para outro, assovia, fuma, fala em voz alta... Diz-se que um homem entediado é um homem incapaz de resistir ao medo do seu íntimo vazio.

Vaidade: Realça parecer um despropósito afirmar que o vaidoso é um medroso que pretende não ser. O vaidoso procura convencer-se de que não tem motivo para se sentir inseguro, posto que valha mais do que os outros. Mas, questiona o autor, se tem necessidade de repetir constantemente é porque no fundo não só tem dúvida, como está convencido do contrário. Em tal situação, seu aparente narcisismo encobre seu íntimo desconsolo.

Hipocrisia: Para o autor, a hipocrisia não é um traço de perversão, nem de astúcia, mas fundamentalmente de covardia ligada a uma ambição compensadora e desmedida. A atitude hipócrita dissimula a crítica, esconde-se em uma aparente indiferença ou, inclusive, em um entusiástico elogio. O hipócrita segue a linha de conduta destinada a captar a confiança (e também o auxílio) do ser a quem teme, e, por temê-lo, odeia.

Mentira: Afirma categoricamente que quem mente sistematicamente é um medroso covarde, ou seja, um medroso que não sabe dominar seu medo. Daí porque quando alguém mente, o que necessita é ânimo, mais que castigo; auxílio, e não repulsa.

Goleman[89] relata que na família do medo podemos encontrar ansiedade, apreensão, nervosismo, preocupação, consternação, cautela, escrúpulo, inquietação, pavor, susto, terror e, como psicopatologia, fobia e pânico.

Todas essas facetas nos fazem identificar que o medo está muito mais presente em nosso dia a dia do que imaginamos. E com isso, precisamos encará-lo, frente a frente, a fim de cultivá-lo como energia paralisadora, para identificarmos onde pode nos trazer benefícios, e podá-lo onde apenas oferecer entraves e prejuízos.

CLASSIFICANDO O MEDO

Existem inúmeras formas ou possibilidades de classificação do medo. Não nos ateremos a nenhuma como verdade, pois todas contemplam, de alguma forma, aspectos importantes presentes em nossas vidas e, por isso, tornam-se complementares.

Mira y López define fases progressivas do ciclo emocional do medo, indo desde o estado de prudência até o de terror. A primeira fase é a da prudência, seguida da concentração (desconfiada), do estado de alarme, do estado de angústia (ansiosa), do estado de pânico e a última, o terror. Teoriza também que o homem sofre de medo em quatro situações consideradas causas integrantes: diante da situação absoluta, concreta, presente e maléfica, assim também de sinais que restaram associados a ela, e agora a evocam; ante a incapacidade de assegurar sua fuga; nas circunstâncias de conflito (ético) que se lhe depara, ao considerar que ele terá piores efeitos que os que procura evitar; e, por fim, diante do imaginário que leva o homem ao temor do desconhecido, singularmente, medo do inexistente e do inesperado.[90]

O professor cubano ainda classifica esse estado em instintivo, racional e imaginativo. O primeiro é orgânico, corporal e ascendente. Corresponde à forma primitiva de se manifestar a retração ou debilitação do metabolismo. Trata-se de um medo conservador até certo ponto, mais sentido que pensado: o indivíduo percebe, *a posteriori*, que se assustou, quando chega aos centros corticais a onda do estímulo que já determinou diversos reflexos e inibições, nos níveis medulares e subcorticais. Por isso é chamado de ascendente, pois vai dos centros locais aos superiores.

O tipo racional-sensato é condicionado, psíquico e descendente. Denominado de profilático, pois sua ação é, *a priori*, reação antes do perigo. É um medo condicionado pela experiência e baseado na razão, donde também é chamado "medo lógico". Sua característica é a de ser compreensível para quem não o sente diretamente, mas é capaz de figurar-se que o sentiria ao se achar nas circunstâncias em que o originou.

Já o imaginativo é irracional, de presunção mágico-intuitivo. É o medo absurdo. Sua característica essencial é ser condicionado por um objeto que nunca se constituiu causa de medo orgânico para o sujeito e, se encontra ligado apenas a um verdadeiro estímulo fobígeno, por meio de uma cadeia de associações mais ou menos larga e distorcida. Por essa razão, torna-se injustificado e incompreensível, não só para os que o analisam com frieza lógica, mas também para os que sofrem intimamente seus efeitos.[91]

Ekman faz uma apresentação diferente, referindo-se a três fatores: à *intensidade* (quão grave é o perigo), ao *timing* (ameaça imediata ou iminente) e ao *enfrentamento* (possibilidade de redução ou eliminação da ameaça).

Debruçou-se um pouco mais sobre a questão do *timing*, apresentando as pesquisas mais recentes sobre o tema. Essa diferenciação do medo frente à eminência de algo possibilita estabelecer três aspectos: a) temores diferentes resultam em comportamentos diversos – em geral, o perigo imediato conduz à ação (paralisia ou fuga) que reage a ela, enquanto o receio conduz à vigilância atenta e tensão muscular; b) a reação a algo imediato é muitas vezes analgésica, reduzindo sensações de dor, enquanto que o receio em relação a uma ameaça iminente aumenta a dor; c) sensação de risco imediato e iminente envolvem diferentes áreas de atividade cerebral.[92]

O autor ainda teoriza que quando temos consciência do temor, é difícil sentir ou pensar outras coisas por algum tempo. Nossa mente e atenção estão concentradas no constrangimento. Quando ela é instantânea, concentramo-nos até a eliminarmos, ou, senão somos capazes disso, nossos sentimentos podem se transformar em pavor. Antecipar o risco de dano monopoliza a consciência por longos períodos, ou tais sentimentos podem ser episódicos, voltando e invadindo nossos pensamentos enquanto lidamos com outros assuntos.

Uma menção repentina de dano concentra nossa atenção, mobilizando-nos para seu enfrentamento. Quando percebemos uma ameaça iminente, nossa preocupação sobre o que pode acontecer nos protege, prevenindo e nos deixando em estado de alerta.[93]

Com essas teorias e pesquisas, explicitamos que não há coesão entre os estudos, parecendo impossível contemplar todas as facetas dessa emoção. Reforçamos que não devemos afirmar uma teoria em detrimento de outra, pois se complementam.

    Nosso objetivo é evidenciar que não há apenas uma teoria sobre o medo, mas várias; e, que não há necessidade de despender qualquer esforço na tentativa de enquadrá-las ou aproximá-las. É a multiplicidade de olhares que torna tão instigante o estudo das emoções em nossas vidas.

COMPREENDENDO O MEDO

Sendo o medo uma reação fisiológica e psíquica a determinados estímulos, suscita reflexões mais aprofundadas para compreendê-lo melhor. Já identificamos que nem todos os estímulos devem ser interpretados da mesma forma, contudo, nossas emoções não se submetem às tentativas de imposição do intelecto.

Uma compreensão mais humanizada livra-nos da postura simplista de tentar dizer a nós mesmos e aos outros "Não tenha medo!".

Porém, se sabemos que o medo não se dobra às ordens da racionalidade imediatamente, precisamos diferenciar do que seja a racionalização, por nos colocar ainda mais longe do verdadeiro controle emocional.

A racionalização, como mecanismo de defesa do ego, justifica comportamentos inadequados, enganando os outros e a si mesmo. Surge como tentativa do sujeito de se esquivar do confronto consigo mesmo, e manter-se rígido e inalterado. Criamos justificativas que até parecem, em primeira instância, fazer sentido. Mas quando são olhadas com mais cuidado, revelam o escamoteamento que o ego intenciona, por medo. Raciocinar, diferente de racionalizar, é dialogar com a emoção, tentando entender suas nascentes, seu sentido, para poder conduzi-la conforme as nossas possibilidades.

Visando compreender essa emoção pela óptica espírita, trazemos aqui diferentes abordagens de Joanna de Ângelis a respeito do tema.

Na obra **O despertar do espírito**, Joanna de Ângelis elenca, além do medo das ocorrências imprevistas, devido à necessidade de segurança decorrente do instinto de conservação, outros medos como resultado de transtornos psicológicos, de atavismos ancestrais, de ansiedades mal contidas e de convivências perturbadoras. Apresenta uma classificação que vai da emoção normal à patológica, sendo esse extremo o momento em que se experienciam alterações emocionais e físicas responsáveis por graves consequências no comportamento. A mentora também estabelece que essa emoção resulta de causas reais ou imaginárias, produzindo os mesmos estados emocionais alterados. Explica ainda que não é exatamente o fato ocorrido, mas a forma como o mesmo é sentido ou compreendido pelo indivíduo, que se torna o fator desencadeador do medo.[94]

Em **Diretrizes para o êxito**, encontramos seis tipos básicos de medo que assaltam a criatura humana durante a finitude da sua existência corporal: da morte, da velhice, da doença, da pobreza, da crítica e da perda de um afeto profundo. Afirma que todos eles decorrem da insegurança pessoal decorrente dos conflitos passados, originados em comportamentos infelizes que deram lugar a transtornos de significado especial.

Além disso, teoriza que a presença desses medos no indivíduo centraliza-se na incerteza mantida em torno do fenômeno da morte.[95]

O receio que temos da morte é intensamente trabalhado pela autora em quase todas as obras da *Série Psicológica*.[XVI]

No livro **Conflitos existenciais**, a mentora espiritual apresenta um verdadeiro tratado de psicopatologia, de grande importância para quem deseja compreender o comportamento humano. No capítulo referente ao medo, encontramos várias causas dessa emoção, desde a ocorrência normal frente ao desconhecido, passando pelos condicionamentos e pelos apavorantes fenômenos sísmicos, até os causados por processos obsessivos. Ela estabelece fatores endógenos e exógenos que respondem pela presença do medo.

Nos primeiros, os endógenos, estão envolvidos os comportamentos infelizes de reencarnações anteriores, impressos no perispírito. Este, por sua vez, instala no inconsciente profundo as matrizes do receio de ser

---

[XVI] - Deixamos aqui referências como sugestão de leitura/estudo sobre o medo da morte nas obras de Joanna de Ângelis por ser uma temática deveras importante: *O homem integral* – cap. 9, item: A morte e seu problema; *O ser consciente* – cap. 7, item: Medo e morte; *Autodescobrimento: uma busca interior* – cap. 9, item: Medo da Morte; *Desperte e seja feliz* – cap. 29: Sobrevivência e libertação; *O despertar do espírito* – cap. 10: Sem conflitos nem fobias; *Conflitos existenciais* – cap. 20: Morte; *Encontros com a paz e a saúde* – cap. 11: Epifenômeno da vida e da morte; *Em busca da verdade* – cap. 10: A vida e a morte; *Vitória sobre a depressão* – cap. 10: Vida e morte.

identificado, descoberto como autor dos danos produzidos em outrem e que procurou ignorá-los, mascarando-se de inocente.

Nos fatores exógenos, estão elencadas as atitudes educacionais no lar, os relacionamentos familiares agressivos, o desrespeito pela identidade infantil e as narrativas apavorantes nas quais se comprazem certos adultos.

A mentora também afirma que o pavor do aniquilamento da vida resulta em inumeráveis medos: da perda de emprego, de objetos valiosos ou de grande estima, de afeições compensadoras, da confiança nos demais, de amar. Acrescenta ainda, o receio do desconhecido, do escuro, de altura, de pessoas, de multidões, de animais e de insetos que se apresentam como condutas fóbicas, de adoecer, de sofrer...

Diante disso, ela orienta:

> Nutrindo-se de autoconfiança pela valorização das próprias energias, podem-se desmascarar os medos que se apresentam em forma de ciúme – filho doentio da insegurança emocional; da inveja – tormento do mesmo conflito de insegurança; do ódio – incapacidade de compreender e desculpar; do despeito – ausência de critério de autovalorização; todos provenientes de imaturidade psicológica, de permanência no período infantil.[96]

Cultivo das Emoções

Na primeira vez em que coordenamos um grupo de estudos sobre emoções e Espiritismo, propusemos aos participantes listarem seus medos, visando delinear o foco de trabalho. Para nosso espanto, surgiram listas imensas, de medos comuns e concretos. Desde medo de assalto até condicionamentos como medo de escuro por vivenciar um trauma na infância. Também apareceram tipos supersticiosos ou bizarros como o medo de gato preto, de sexta-feira treze ou de fantasmas.

Entretanto, o que mais nos surpreendeu foi o interesse dos participantes por esses medos que poucas consequências traziam para o dia a dia, deixando de lado situações verdadeiramente importantes de serem trabalhadas – medos que atrapalham nossa vida e estão diretamente ligados aos entraves à transformação moral.

Vejamos que os medos bizarros ou supersticiosos e mesmo os condicionados não são nosso foco de análise. O medo que dá vazão às superstições deve ser podado pelo enfrentamento, pela conscientização, pelo raciocínio e pela lógica. Libertando-nos do pensamento mágico característico do período infantil, num esforço para o amadurecimento emocional, aos poucos, se desmistificam as imagens amedrontadoras que tomam conta de nós.

No enfrentamento dos medos condicionados sugere-se a diminuição da sensibilidade ao estímulo, ou seja, uma aproximação lenta e gradativa que permita ao psiquismo acomodar-se à nova situação, verificando que não há motivo para receios.

Mas esse não é o foco da Casa Espírita, e mesmo sendo profissional da área, ali não era o local nem o momento para essas orientações específicas.

Então, frente à multiplicidade de classificações e condutas, desejávamos uma diferenciação do que seria importante ser trabalhado, daquilo que não mereceria nossa atenção e nos desviaria da verdadeira transformação, assim como o agricultor que separa o joio do trigo.

Classificamos assim os medos em dois grupos: os impulsionados pelo instinto de sobrevivência e os impulsionados pelo ego adoecido.

Como vimos, o medo enquanto energia não é negativo. Ele atua em favor de nossa preservação, impondo paradas, recuos, nos fazendo escolher sempre pela alternativa de menor risco.

Mas, o segundo grupo retrata uma tentativa de preservação do ego adoecido que teme sucumbir, perder seu suposto reinado, ser descoberto como imperfeito que é.

Interessante é que o medo impulsionado pelo ego adoecido nos assola como se estivéssemos de fato correndo risco de morte. Mas não de uma morte física, e sim da vida ilusória do ego.

Quando somos convidados a orar em público, vivemos um estado de inquietude que realmente nos dá a sensação de termos sido "atirados aos leões" – embora estejamos entre amigos na instituição religiosa. Embora seja um impulso de autopreservação, é adoecido, afinal, ninguém corre risco de morte por orar entre irmãos de uma mesma comunidade.

Delineamos assim, que esses dois tipos de medo precisam ser cultivados de maneira diferente, sob risco de gerarem prejuízos em momentos cruciais de nossas vidas.

CULTIVANDO O MEDO

O cultivo do medo exige esse olhar diferenciado. Valorizar todas as expressões de temor sem critérios específicos é como admirar um jardim sem distinção das flores a serem cultivadas e das plantas indesejadas que precisam ser arrancadas, ou sem o discernimento de que a poda não é um mal que se faz à planta, mas sim um cuidado necessário.

Estimulando o crescimento

A *coroa-de-cristo*, como já dissemos, tem uma importante função. Essa planta é usada para delimitar e proteger espaços. Por sua característica robusta e espinhosa, impõe distâncias necessárias ao bem-estar, no sentido de preservação.

Da mesma forma, o medo em certas manifestações também tem essa função, visando estabelecer distanciamentos para proteção.

Quando impulsionado pelo instinto de sobrevivência, ele assume importante papel em nossas vidas, e por isso, deve ser estimulado. Tentar matar essa "planta" em si, é colocar-se em risco que certamente conduzirá para prejuízos cada vez mais graves, até alcançar a aniquilação.

É preciso se resguardar da violência, de pessoas destrutivas e perigosas, de situações que colocam nossa vida em risco...

Por termos essa *coroa-de-cristo* em nós, mantemos determinadas distâncias e somos mais cautelosos, ponderamos um pouco mais, avaliamos os riscos e planejamos o comportamento – isso é virtude que merece estímulo.

Como esse aspecto do medo já foi bastante abordado por inúmeras linhas de pesquisas, e por não se constituir o foco da Doutrina e do Movimento Espírita, preferimos nos deter mais no medo impulsionado pelo ego adoecido, e que exige outras habilidades de cultivo.

Fazendo a poda

Falamos das atribuições protetivas da *coroa-de-cristo*, e por isso merece atenção e estímulo para se desenvolver, mas não olvidamos que quando ela não é cultivada adequadamente cresce em desgoverno e se torna fonte de transtornos e impedimentos.

Para discernirmos quando é necessário um estímulo ao crescimento (medo impulsionado pelo instinto de sobrevivência) ou à poda (medo impulsionado pelo ego adoecido), precisamos aprender a nos perguntar:

"O que está em jogo ali?"; "O que está em risco?". Assim chegamos de fato à questão do ego adoecido, que se sente numa berlinda entre preservar-se para se manter enaltecido e exaltado, ou correr o risco de ser "derrotado", "desmascarado", "descentralizado".

Ao fazermos a oração, podemos pensar: "E se eu errar?", "E se eu esquecer parte da oração?", "E se minha oração não for bonita?", "E se eu falar baixo demais e ninguém escutar?".

Certamente, todas essas situações em que sentimos medo não são impulsionadas pelo instinto de sobrevivência. O ego adoecido, por interpretar essas supostas falhas como verdadeira morte da sua supremacia, reage com medo de descobrirem não ser tão bom quanto deseja aparentar, nem tão maravilhoso como alguns acreditam, nem tão equilibrado quanto tenta mostrar.

Ao agirmos com pavor de sermos desvelados, por não mantermos o *status* de bom, bonito, importante ou inteligente; ao nos comportarmos como se estivéssemos encarando uma prova decisória de sermos amados, sentimos as reações fisiológicas de quem está em um julgamento, prestes a ser condenado à prisão. Mas, essas sensações não podem ser cultivadas da mesma forma que cultivamos o medo que preserva o ser daquilo que verdadeiramente lhe coloca em risco.

A sensação que o ego adoecido vive, em algumas vezes, parece mais dolorosa do que a imposição de sofrimentos ao corpo, e, além disso, é verdadeiro impedimento ao desenvolvimento divino.

É bem possível que Jesus tenha sentido medo em diferentes momentos, mas nunca se deixou paralisar por essa emoção. Movido por ela, usou de cautela, afinal reconhecia a inferioridade moral do povo e sua inescrupulosidade. Então, ficamos pensando que essa emoção lhe auxiliou a sobreviver num mundo onde o mal predomina.

Contudo, ficamos imaginando o que seria de nós se o Mestre tivesse medo de não ser aceito ou de errar? E se os apóstolos recuassem ou os cristãos o negassem por receio de serem julgados?

O medo impulsionado pelo instinto de sobrevivência os fez reunirem-se nas catacumbas, no escuro das madrugadas, para não serem mortos. Se fossem movidos pelo ego adoecido, deixariam de fazer o que acreditavam no fundo da alma, e nós não vivenciaríamos hoje a glória de sermos cristãos.

Onde e como estaria a humanidade se os grandes nomes da Ciência dessem espaço ao medo de errar, de se frustrar, de não alcançar seus objetivos?

Cultivar o medo, nessas circunstâncias, é o mesmo que fazer a poda adequada da *coroa-de-cristo* para que não cresça demais e impeça a passagem. O jardineiro precisa de atenção e bom-senso para delimitar seu tamanho de maneira precisa, retendo as manifestações prejudiciais, ao mesmo tempo em que oferece água, luminosidade e adubo adequados – bons pensamentos, para que essa emoção cresça de maneira saudável e nos assegure a sobrevivência.

Cultivo das Emoções

Vivemos inúmeras situações em que as inseguranças impulsionadas pelo ego doente, pelo excesso de si mesmo, estão presentes e não percebemos quantos prejuízos isso nos impõe.

Não enxergamos o quanto deixamos de oferecer ao mundo, o que temos de melhor quando não falamos às pessoas quão importantes são em nossas vidas ou o quanto as amamos, por temor de sermos rejeitados. Esse comportamento produz uma falência em nossa alma, afinal, a vivência dos bons sentimentos nos alimenta e nos fortalece.

Temos preocupação de nos entregar, pois o ego imaturo busca garantias descabidas para não sofrer – como se isso fosse possível em um mundo inferior como o nosso. Ambicionamos a recompensa, o reconhecimento, o acolhimento, sem correr o risco da rejeição ou do mau entendimento. Queremos retornos antes mesmo de fazer investimentos.

Mira y López, no estudo sobre os estímulos fóbicos, quando trata do medo do sofrimento moral, apregoa: "Quem renuncia a amar temendo o sofrimento que isso lhe possa causar não é apenas um covarde: é um automutilador mental".[97]

Vivemos em uma sociedade carente, em que desejamos nos sentir amados, aguardando alguém que nos faça sentir especiais. Esquecemos que o que nos faz sentir preenchidos e satisfeitos não está ligado ao quanto somos amados, mas sim ao quanto amamos. E adentramos um ciclo pernicioso, onde quanto menos oferecemos nosso amor, aguardando os outros, menos nos sentimos amados.

Em nossos lares, tentando sobreviver à rotina, precisamos aprender a declarar o quanto amamos as pessoas que estão à nossa volta, como a vida mudou com a presença delas e quanto sentiremos sua falta com a separação futura. Agindo assim, evitamos que o medo "egocentrado", simbolizado pela planta espinhosa que cresceu desgovernadamente, ganhe muito espaço em nossas vidas, abafe os bons sentimentos e machuque aqueles que se aproximam.

Os casamentos não se desgastam com o passar do tempo, senão com a ausência do olhar ao outro e com o esquecimento do quanto as pessoas são especiais em nossas vidas. Infelizmente, repetimos as atitudes devido ao pavor de enunciarmos os sentimentos, justamente porque o ego adoecido interpreta como uma ameaça. Temos horror de nos sentirmos vulneráveis.

O ego doente pela excentricidade fica refém do mundo exterior que lhe dá um suposto sentido e uma sensação de valor. Anda cambaleante entre o pavor de expressar seus aspectos positivos e sofrer – seja pela rejeição, pelo abandono ou pela frustração –, e o de exprimir seus aspectos negativos e viver as mesmas experiências de rejeição, abandono e frustração. E, por estar numa fase de imaturidade, em vez de enfrentar essa emoção para descobrir seu verdadeiro valor, esconde-se sob o pretexto da timidez, da simplicidade, da humildade, da introversão.

Cultivo das Emoções

Temos medo de pedir desculpas, ou perdão e não sermos atendidos; de nos voluntariarmos para algum trabalho e não darmos conta ou decepcionarmos os outros; de nos declararmos espíritas e não sermos compreendidos. Temos certeza que seremos rejeitados por sermos quem somos além das aparências, e por isso criamos máscaras que não condizem com nossa intimidade. Também, obviamente, por não expormos nosso lado frágil, deixamos de receber o acolhimento, o aconchego e a amorosidade que desejamos.

Ficamos ansiosos na realização de uma oração em público, de uma palestra ou da coordenação de uma atividade. Isso revela quanto ainda somos movidos pelo ego adoecido que está mais preocupado com seu desempenho e a avaliação do mundo, receando ser criticado ou condenado, do que com a atenção e a entrega à tarefa em si.

Nessa reflexão, cabe perfeitamente a afirmativa do Nazareno de que não é possível amar a dois senhores.[XVII] Quando movidos pelo ego adoecido, servimos ao deus da aparência, da exterioridade e, por consequência, nos mantemos inseguros e amedrontados pelo receio de não sermos amados. Ao sermos direcionados por esse deus das impermanências, o deus do amor que habita em nós é abandonado e rejeitado.

Se formos capazes de cultivar o amor a Deus com todo nosso coração, com toda nossa alma, e com

---

[XVII] - "Nenhum servo pode servir a dois senhores, pois ou odiará a um e amará a outro, ou se apegará a um e desprezará o outro. Não podeis servir a Deus e a Mâmon (Lc 16: 13)".

toda a nossa mente, e amarmos o nosso próximo como nos amamos,[XVIII] ele será tão grande que não haverá espaço para o materialismo que alimenta o egocentrismo – e isso equilibrará o ego.

Descendo do topo

Esses medos são danosos porque revelam que nos colocamos num lugar mais alto do que de fato estamos, e temos medo de abdicar dessa ilusão – de quem não erra, de perfeição, de ser dono do saber, de ser amado por todos. Mas essa pessoa não existe. Por isso, dizemos que o ego está adoecido, afinal, recusa-se a aceitar seu verdadeiro lugar de impermanência e insignificância no mundo.

O medo, tal qual emoção primeira, tem sua nascente no instinto de sobrevivência. Isso nos faz crer que embora essa emoção não se submeta ao raciocínio, como desejaríamos por algum momento, ela pode ser cultivada para que se torne bela e nos auxilie verdadeiramente como a planta espinhenta que se faz cerca viva, delimitando espaços e nos protegendo.

Quando atua além das relações instintivas de sobrevivência, é sinal que está fora dos seus limites saudáveis e, como a *coroa-de-cristo*, precisa ser podada antes que tome muito espaço, prejudicando o desenvolvimento das demais flores do nosso jardim emocional,

---

[XVIII] - O maior mandamento (Mt 22: 37 a 39).

Cultivo das Emoções

como uma energia que cresce desordenadamente e se torna prejudicial.

Claro que não é preciso arrancar a planta pela raiz, pois é apenas uma poda de formatação. A perspectiva do cultivo das emoções não pressupõe enfrentamento e exposição imediata, impositiva e impensada, como alguém que se livra de um problema.

Quando cultivamos essa emoção adequadamente, não damos espaço para que as preocupações ligadas à sobrevivência do ego adoecido sejam alimentadas, do mesmo jeito as plantas indesejadas no jardim.

Se há medo, ele precisa ser cultivado adequadamente, pois a emoção está sinalizando a necessidade de fortalecimento para encarar as situações que lhe impedem o desenvolvimento. Se não for cuidado, como o jardineiro que abandona sua tarefa, ele tomará conta do canteiro, gerando destruição. Porém, não devemos atacá-lo sem critérios, a golpes desgovernados de foices, sob o risco de decepá-lo e nos expormos demasiadamente, gerando traumas e dores profundas que seriam desnecessárias.

O medo, enquanto uma energia de preservação, tem sua função impulsionada pelo instinto de sobrevivência. No caso do ego adoecido, ele precisa ser orientado amorosamente. Precisamos mostrar para nós mesmos, gentilmente, que as situações de exposição às quais o medo nos paralisa, mais que barreiras e possibilidades de aniquilação da aparência, são oportunidades de crescimento interior e de realização divina.

É claro que, ao dizermos a uma pessoa o quanto ela é importante em nossa vida, corremos o risco de sermos jogados do pedestal em que nos colocamos. Assim como ao nos expormos em público para coordenar um estudo ou fazer uma palestra, também corremos o risco de as pessoas não gostarem ou rejeitarem.

Precisamos refletir "... o que é mais importante: manter-se no pedestal ilusório ou viver uma relação profunda e verdadeira de amizade e companheirismo?", "Viver num trono como o rei de um império falido ou trabalhar como um insignificante aldeão pela edificação de um mundo melhor?"

Quando somos dominados por esse ego adoecido, por medo de perder o falso predomínio, deixamos de cumprir com nossas responsabilidades mais profundas perante Deus, abandonando nossos propósitos divinos e, por fim, destruímos nosso sentido existencial.

> Na execução do programa de cada vida, todos tropeçam, sofrem decepções, insucessos, que são mestres hábeis no ensino dos mais eficientes meios para se alcançar as metas a que se propõe. Nada é fácil, sempre se apresentando como recurso de aprendizagem e de evolução.[98]

Quando somos capazes de confrontar os terrores decorrentes do ego adoecido, colocamo-nos no lugar do educando que aceita os desafios do educador.

Cultivo das Emoções

Sabemos que as situações – dolorosas ou não – têm um sentido de ser e merecem nosso investimento e atenção, num processo de aprendizagem e crescimento.

Por um ângulo menos egocentrado, a vida se torna educadora, dirigida por Deus, oferecendo-nos aquilo de que precisamos para o desenvolvimento intelecto-moral. Portanto, confiar no Pai e se entregar às experiências e convites da vida é o método mais seguro para a transformação moral, pois Ele não erra.

Talvez por isso a mentora seja tão direta: "A mais excelente terapia contra o medo e a ansiedade é a irrestrita confiança em Deus, que criou a vida com objetivos elevados".[99]

A Doutrina Espírita, por ser ciência, filosofia e religião, ensina-nos o descompromisso com a imagem, com o ideal orgulhoso, com a expectativa ou com a aparência; a não recearmos a dor, o sofrimento, a rejeição, o abandono ou a frustração. Devemos nos comprometer apenas com nossa essência. Servir somente a Ele, amando a cada dia, mais e mais, e nos entregando ao Deus do Amor.

Não há outra forma de superar esses pavores a não ser confrontá-los e favorecer o ego alienado a descobrir que somos amados indistintamente por Deus, independente de como estamos, e do resultado de nossas ações, desde que a intenção seja servi-Lo.

Kardec orienta:

O Espiritismo, bem compreendido, mostra as coisas de tão alto que o sentimento da personalidade desaparece, de certo modo, diante da imensidade. Destruindo essa importância, ou, pelo menos, reduzindo-a às suas legítimas proporções, ele necessariamente combate o egoísmo.[100]

Quando formos capazes de seguir as orientações kardequianas, enxergando o mundo e a vida terrena mais do alto, distinguiremos o que é importante do que é insignificante.

Não precisamos confrontar diretamente com a emoção, afinal, à medida que encontramos esse lugar mais distante para melhor observação, menos personalistas, naturalmente nossa alma abre-se à vida, e trabalhamo-nos a favor da realização da alma, permitindo-nos arriscar, crescer, trabalhar e amar, sem medo.

CAPÍTULO CINCO

A RAIVA

A RAIVA

Em continuação ao estudo do medo, a raiva parece ser a melhor emoção para analisarmos, devido à relação entre elas, pois Mira y López afirma: "Não se sente ira sem antes sentir medo".[101]

Cada emoção tem suas particularidades, desafios e sentidos. O estudo da raiva é intrigante e desafiador, pois é uma emoção que desperta sentimentos antagônicos nas pessoas, entre a valorização e a repulsa.

Em certas situações ou meios culturais, em especial religiosos, ela é sinônimo de descontrole, desequilíbrio e agressividade e, por isso mesmo, completamente desaprovada. Mas em geral, a raiva é aceita e até valorizada por parecer o oposto da passividade e da permissividade. Temos admiração pelo sujeito que se impõe, que os demais têm receio pelas suas reações agressivas, daquele que faz prevalecer suas vontades.

Comparada às estações do ano, a raiva seria o verão, por ser um estado de alta temperatura. Desejado por muitos, nessa época as pessoas parecem mais dispostas e ativas, sem se ater aos possíveis riscos.

No verão, do mesmo modo que na raiva, estamos mais expostos, mostramo-nos sem pudor, permitimo-nos sem reflexão e somos tomados por impulsos que geram constrangimento futuro. Toda temperatura elevada, seja externa ou internamente, exige cuidados para se evitar queimaduras.

Ao analisá-la pela perspectiva do cultivo das emoções, simbolizamos a raiva na figura do cacto, da família botânica *Cactaceae*. Os cactos são plantas espinhentas que crescem em situações adversas, sobrevivendo a ambientes extremamente quentes ou áridos. Suas folhas transformaram-se em espinhos para evitar a perda de água pela transpiração. Essa forma de sobrevivência em meio à aridez é característica também da raiva, que surge como tentativa de lidar com o que interpreta por hostilidade. Como os cactos, o sujeito com raiva, embora ostente espinhos e aparência de secura, traz um interior suculento. Sua atitude raivosa aparece como a única alternativa que encontrou para se defender.

Ao longo deste capítulo pretendemos facilitar a identificação dessa emoção, do processo de aceitação/negação da raiva e suas consequências, e compreendê-la à luz do Espiritismo.

Esse entendimento, aliado à Psicologia, permite-nos identificá-la como uma energia de movimento, que quando direcionada pelo ego adoecido apressa-se em transformações desnecessárias e rompimentos hostis, como o cacto espinhento em ambiente árido que impede e machuca qualquer tentativa de mudança, cuidado ou aproximação. Contudo, quando essa energia é bem direcionada submetendo-se aos impulsos organizadores do *Self*, promove mudanças de posição ou atitudes, rompimentos e transformações, que visam ao equilíbrio e à harmonia interior.

DEFININDO A RAIVA

Raiva é um termo amplo, envolto em diferentes significados a depender da abordagem teórica ou do âmbito científico. Para alguns, é uma emoção básica, e para outros, a expressão de um estado bastante avançado da energia agressiva. Diariamente, utilizamos o mesmo termo para definir desde uma pequena irritação até um ataque de fúria, quando dizemos estar "possuídos pela raiva".

O estudo dessa emoção apresenta aí sua primeira particularidade: a imprecisão do conceito pela dificuldade da definição do próprio termo.

O dicionário define raiva como:

> Acesso de fúria, arrebatamento violento, cólera, ira; sentimento de irritação, agressividade, rancor e/ou frustração motivado por aborrecimento, injustiça ou rejeição sofridas, etc.; aversão em relação a algo ou alguém, horror, ojeriza.[102]

Certos autores usam a palavra ira, outros falam de energia agressiva ou força destrutiva, enquanto existem os que preferem o termo cólera para referir-se à raiva.

Em vez de alternarmos entre os diferentes termos, conciliaremos usando a expressão "raiva". Optamos por esse termo por ser a palavra mais utilizada no cotidiano. Faremos distinção apenas quanto à intensidade, donde teremos desde uma pequena até uma grande e descontrolada raiva.

O importante é que todos falam desse estado de alteração emocional impulsionado para um movimento, que pode ser de transformações interiores ou exteriores. Em geral, esses impulsos se manifestam em rompimentos agressivos e posturas inflamadas e destrutivas, mas essa não é sua característica essencial.

IDENTIFICANDO A RAIVA

Na fisiologia da raiva, descrita pelo psicólogo Daniel Goleman, o sangue flui para as mãos, tornando mais fácil sacar a arma ou golpear o inimigo; os batimentos cardíacos aceleram-se e uma onda de hormônios, entre outros, a adrenalina, gera uma pulsação – energia suficiente para uma atuação vigorosa.[103]

A descrição de ira, de Mira y López, refere-se ao sentimento de rebelião ou indignação, uma geral impressão de calor e de força animadora; sente-se sair do eixo, de si; o sangue se acende e vitaliza-se nas veias.

> O estado de contração ou hipertonia passa então dos músculos estriados aos de fibra lisa; a vesícula biliar se mobiliza e produz uma descarga biliar, que pode dar à pele um tom levemente ictérico (amarelo-avermelhado), semelhante aos enfermos de cólera. Quem sente esta vivência experimenta um profundo mal-estar e desassossego, quer dizer, um desgosto: opressão torácica, peso no epigastro, necessidade de fazer algo, sem saber exatamente o que é; a respiração e a circulação se aceleram, há uma leve ansiedade e com facilidade surge o 'sobressalto', quer dizer,

põem-se em marcha os reflexos defensivo-ofensivos desnecessários e inadequados. Passado algum tempo, esse cortejo sintomático exteriorizado se apaga; o indivíduo dorme pouco e se levanta sem apetite; com olheiras e talvez com dor de cabeça; está ruminando seu desgosto ou, mais exatamente, o está 'armazenando'.[104]

Em alguns momentos, a descrição dessa emoção parece muito distante de nossos sentimentos comuns. Estamos longe de não sentirmos a raiva, contudo, espera-se que em poucas oportunidades sejamos realmente tomados pelo descontrole.

Às vezes, temos a sensação de equilíbrio, mas não podemos deixar de questionar se de fato é uma conquista interna ou se expressa apenas a ausência de provações mais severas. Afinal de contas, é fácil manter-se calmo em meio à calmaria. Ou, em outras palavras, conseguiríamos nos manter tranquilos em meio às grandes dores do mundo?

Para auxiliar nesse processo de identificação da raiva, apresentamos a análise dos dois principais psicólogos que elegemos.

Goleman, em seus estudos, estabeleceu como eixo central o termo "ira" e assim delimitou sua família: fúria, revolta, ressentimento, raiva, exasperação, indignação, vexame, acrimônia, animosidade, aborrecimento, irritabilidade, hostilidade e, talvez no extremo, ódio e violência patológicos.

Mira y López aponta algumas formas de camuflagens da ira, afirmando que pessoas "educadas" procuram reprimir a manifestação direta dessa emoção e, com isso, dão margem a que se manifeste por entre disfarces:

- *Sede de Justiça:* O chamado impulso reivindicativo, asseverando que, com extraordinária frequência, um sentimento colérico se disfarça em atitude justiceira e os excessos de vingança tomam o nome de atos reparadores. Frequentemente confessamos irritação, enfado ou enfurecimento, mas imediatamente justificamos esse estado pela ofensa sofrida. Por isso desejamos "resolver" a situação, "desfazer o agravo", "revidar a ofensa", "reivindicar nosso direito". Assim, o impulso agressivo-destrutivo toma por pretexto qualquer alteração aparente da conduta alheia para se satisfazer, enganando-nos, e ao mesmo tempo fazendo-nos crer que servimos a um dos mais excelsos valores humanos.

- *Crítica:* Um crítico é, de certo modo, um juiz, ou seja, alguém que decide acerca de algo. Para que a crítica não tenha em gérmen a ira, é necessário preencher quatro condições básicas: a) ser feita de um ponto de vista estritamente compreensivo e humano, ou seja, tomar como norma uma possibilidade real, não um dever ideal; b) ser objetiva, isto é, baseada em fatos comprovados e comprováveis; c) ser franca, ou seja, dirigir-se diretamente ao autor e só a ele, pois com isso lhe dá a possibilidade de corrigir-se ou defender-se; d) ser construtiva, para indicar os caminhos de aperfeiçoamento em cada caso.

- *Ironia:* Todo irônico é um irado que não ousa manifestar abertamente seu descontentamento e recorre à máscara de um falso humorismo. Analisando a ironia, vê-se que ela contém um fundo sádico e perverso, que a torna ainda mais desagradável que a agressão direta, mediante o insulto ou a crítica franca. O irônico procura, ao mesmo tempo, humilhar seu adversário e esnobar sua superioridade intelectual, mas de maneira covarde por ocultar a ofensa direta.

- *Humorismo:* Difere do bom humor, por ser, em verdade, um mau humor. O argumento do autor para essa afirmativa é que os grandes humoristas se revelam, em geral, hipocondríacos, ressentidos, carcomidos pela inveja, incapazes de resistir a uma crítica séria, e, ainda menos, de realizar obras generosas. O humorista não se mete com o que estima, senão com o que odeia. Não faz graça pelo que traz em si de amor, mas sim de ira e, no fundo, de impotência. O bom humor é otimista e benévolo, revelando o lado alegre da vida e dos acontecimentos, criando e espargindo em derredor um riso franco, generoso e eufórico.

- *Soberba:* Diferente do orgulhoso que, autossatisfeito, tenta dissimular esse defeito, o soberbo "o cospe" sobre quem o contempla: em sua voz grave, em seu porte um tanto provocativo e em sua atitude depreciativa, manifesta esta constante agressão ao ambiente. A soberba é, pois, uma espécie de espartilho psíquico em que, internamente, se debate uma alma insatisfeita, que, à força de se enganar, julga-se valiosa, mas sente-se vulnerável e rodeada de invejosos, que somente existem em sua imaginação.

Cultivo das Emoções

O que percebemos com todas essas expressões é que algumas delas são facilmente identificadas por quem a vive, enquanto outras exigem mais atenção e disponibilidade de se conhecer. Entretanto, todas expressam um desejo de movimentação que, não sendo bem conduzido, torna-se prejudicial para si e para as relações como um todo.

SENTINDO A RAIVA

Todos que estamos na Terra vivemos estados de raiva. A diferença de uns para outros está no motivo pelo qual a sentimos, na intensidade que vivemos a emoção e o que fazemos com ela.

Joanna de Ângelis amorosamente nos acolhe e orienta: "Ninguém deve envergonhar-se ou conflitar-se por ser vítima da raiva, fenômeno perfeitamente normal no trânsito humano. O que se deve evitar é o escamoteamento dela, pela dissimulação, mantendo-a intacta (...)".[105]

Vejamos a precisão da afirmativa da nobre mentora. Certamente, por reconhecer nosso estado de imaturidade emocional e o pequeno degrau evolutivo que os habitantes da Terra alcançaram, ela nos conforta dizendo que não devemos nos envergonhar por sentirmos raiva.

Em outra obra, Joanna esclarece: "A incidência da raiva, portanto, é perfeitamente normal, tornando-se grave a não capacidade de administrá-la".[106] Compreendemos, assim, a existência de um caminho do meio, no qual devemos nos balizar. Em um extremo teríamos a repressão, negando-a para si mesmo, e no outro, a expressão desajustada ou valorização irrefletida – ambos prejudiciais ao ser humano.

Se precisamos assumir que sentimos raiva, também precisamos nos responsabilizar pelo que fazemos com ela. O alerta é para não escondermos essa emoção, pois se não a identificarmos, como poderemos cultivá-la adequadamente para que dê flores?

Como já dissemos, para Jung, quanto mais a *sombra* é reprimida, mais densa se torna. Essa colocação nos faz elucubrar sobre os prejuízos da raiva reprimida, afinal, se assim fazemos, adensamos essa energia que, aos poucos, torna-se um morbo prejudicial a nós mesmos e aos que estão à nossa volta.

Podemos tomar uma conduta exemplar aos olhos dos outros, mas dentro de nós, mesmo inconscientemente, desejamos o revide, o perecer do outro, esperar que seu sofrimento chegue, ou que "Deus faça justiça".

Às vezes, sem perceber, reprimimos diversos sentimentos, acreditando que foram eliminados por não estarem acessíveis à consciência. Ocorre que, ao contrário do que pensamos, quando não estão em contato com a consciência produzem mais energia agressiva e acumulada no inconsciente, reverberando dentro de nós.

Em geral, somos educados para não demonstrar a raiva que sentimos, ou em última instância, educados para nem sentir raiva. Os pais, sem dúvida, têm um papel importante na conscientização e elaboração dessa emoção e, principalmente, na análise e reflexão do que se fazer com ela, buscando sempre as alternativas que tragam menos prejuízos para si e para os demais.

Quando uma criança sente raiva é sempre melhor auxiliá-la a entrar em contato com a sua emoção. Podemos ensinar nossos pequenos a entenderem as reações internas, por que estão sentindo isso, onde se sentiram privados e ajudarmos a pensarem o que farão com essa energia.

A criança castrada não aprende a lidar com a raiva. Confundimos "criança reprimida" com "bem-educada". Pela falta de compreensão a respeito da raiva, somada ao preconceito e à dificuldade que temos de nos libertar das exigências angelicais, fazemos confusões em que incompetência, passividade e permissividade são vistos como doçura, paciência e perdão.

A raiva engolida

Como energia de movimento, engolir a raiva significa adentrar um processo de autoagressão materializada no próprio corpo, que logo mais produzirá certas doenças.

Embora não expressar a raiva e a engolir possa parecer sinônimo de equilíbrio (em muitas ocasiões nem sabemos/sentimos que estamos fazendo isso), os espíritos esclareceram a Kardec: "A paixão se torna um mal, quando tem como conseqüência um mal qualquer".[107]

No livro **Autodescobrimento – uma busca interior** a mentora atesta que toda vez que a raiva é submetida à pressão e não digerida emocionalmente, esta produzirá danos ao organismo físico e psíquico. Ela diz:

> No físico mediante distúrbios do sistema vago-simpático, tais como indigestão, diarreia, acidez, disritmia, inapetência ou glutoneria – como autopunição – etc. No emocional, nervosismo, amargura, ansiedade, depressão...[108]

Além disso, na sequência, menciona que as raivas ingeridas a contragosto e não eliminadas desde a infância poderão desencadear tumores malignos e outros graves efeitos no organismo, alterando a conduta por completo.

A psiquiatra Belquiz Avrichir explica que engolir a raiva é como dirigir um carro e passar bruscamente da quinta para a terceira marcha, ocorre uma aceleração intensa de todo o funcionamento do corpo.[109]

Há inúmeros estudos científicos estabelecendo as relações entre raiva e adoecimento físico. Destacamos um interessante artigo científico junguiano, produto de uma tese de doutorado em Psicologia Clínica da PUC-SP ocasião em que Moreno estudou a raiva associada à gastrite e esofagite.[110] Outros sintomas relacionados à raiva não elaborada são certos problemas de pele e disfunções da tireoide.

A raiva de nós mesmos

Como sentimos raiva das pessoas ou situações, é possível sentirmos raiva de nós mesmos. Existem pessoas que se autoagridem quando fazem algo errado, batem com a cabeça na parede, se beliscam ou se esbofeteiam. Porém, em outras circunstâncias, vivemos essa raiva de nós mesmos de forma mais silenciosa, e por isso talvez seja mais difícil a identificação.

Em casos de relacionamentos conjugais malsucedidos ou de traições, podemos, ao invés de sentir raiva do cônjuge, sentirmos de nós mesmos por termos nos colocado naquela situação, ou por termos dificuldade em fazer boas escolhas para um relacionamento afetivo, ou por não termos percebido antes a situação. Após uma separação dolorosa decorrente de uma traição, muitos se perguntam: "Como eu não percebi?" ou "Como eu passei esses anos sem saber quem ele/ela era?"

Às vezes, temos raiva de nós mesmos por não atingirmos determinado objetivo, como ser aprovado numa prova ou sair bem numa entrevista. É comum esse sentimento por nós quando erramos, ou pelo menos quando supostamente nos julgamos errados, como ao acreditar que não educamos bem um filho que se perdeu nas drogas.

Certamente, quanto mais egocêntricos formos, nesse perfil, com um elevado nível de exigência, mais sentimos raiva de nós. Acabamos nos colocando no centro de todas as situações, e todos que não estão bem à nossa volta são por causa de nossas atitudes.

Mas, o grande desafio é não permitir que essa força se paralise num estado punitivo, de autoaniquilamento. Como uma energia de movimento, precisamos fazer trabalhar no sentido da transformação interior.

A raiva que esconde o medo

Poeticamente, Mira y López afirma:

> Muito distante, na noite dos tempos, do negro ventre do Medo, brotaram as rubras faces da Ira. Esta rapidamente cresceu e se converteu no segundo gigante dos quatro que atenazam o Homem e fazem de sua vida um perpétuo drama. Os domínios da Ira são tão vastos quanto os de seu progenitor.[111]

A explicação atesta que não sentimos raiva sem antes sentirmos medo. Essa força não cresce em nós à medida que nos sentimos mais potentes. Justamente o oposto, à medida direta que nos sentimos fracassados em nossa suposta potência; quando nos faltam meios seguros para anular os efeitos do insulto, entre outros já citados aqui.

Salientamos que, em determinados momentos em que sentimos raiva, nosso desejo de destruição decorre da sensação de fracasso, fragilidade ou limitação.

Transformamos o contexto para fugir dos sentimentos decorrentes dessa situação, pois ainda somos imaturos demais para nos deparar e assumir nossas fragilidades. Expulsamos a sensação de mal-estar letal "matando para não morrer". Mas de qual morte falamos?

Muitos homens e mulheres parecem extremamente fortes, agressivos, conseguem delimitar espaços, romper relações sem aparentar qualquer problema emocional. Imaginamos que sejam pessoas bem resolvidas emocionalmente, beirando à frieza dos sentimentos – e muitos dizem "eu queria ser assim". Em geral, demonstram autossuficiência, independência, distanciamento emocional e parecem não depender do afeto de ninguém. Agem com raiva, mas não sabem que essa é filha do medo...

Pessoas têm comportamentos distantes, fingindo independência. Mas esse comportamento, em geral, camufla o pavor de precisar e não ter quem as ajude. Tentam demonstrar que não necessitam de afeto e atenção, ocultando de si mesmas o receio que têm de não serem amadas como são, ou de serem usadas pelos demais.

Essa, para nós, é uma das mais difíceis camuflagens da raiva, e que mais precisa de atenção. Afinal, tudo indica que ela surge para ocultar o sujeito frágil que habita em nós, como o cacto que criou aquela casca grossa para sobreviver ao ambiente árido.

Enlouquecido de raiva

Se a repressão é uma postura adoecida emocionalmente e prejudicial, o seu extremo oposto, a expressão indiscriminada, é tão perturbadora quanto ou mais.

Reforçamos essa afirmativa, pois sob o discurso dos prejuízos de negar ou reter a emoção existe quem atue em extremos impensados, crendo que a livre expressão da emoção desequilibrada seja a melhor opção.

Inúmeras pesquisas apontam os prejuízos da expressão desajustada da raiva. Sabe-se que os níveis, constantemente, elevados de adrenalina e cortisol prejudicam artérias e músculos do coração, além de influenciar na regularidade da sua pulsação. As reações raivosas fazem subir a pressão arterial e, mais do que se supunha, tendem a endurecer e degenerar as artérias mais rapidamente do que as de pessoas calmas.

A produção frequente, pelo organismo, de substâncias químicas ligadas ao estresse e à raiva, somadas às alterações metabólicas que as acompanham, podem danificar vários sistemas do corpo humano. Entre os problemas mais comuns, estão: enxaqueca e dores de cabeça, problemas digestivos e dores no abdômen, insônia, ansiedade, depressão, hipertensão arterial, doenças da pele como eczema, enfartos.[112]

Diane Tice descobriu que "... quando as pessoas falavam das vezes em que haviam descontado sua raiva na pessoa que a provocara, o verdadeiro efeito era mais um prolongamento do estado de espírito que o seu fim".[113]

Isso quer dizer que além dos prejuízos da própria vivência da raiva, pensar e continuar falando sobre ela pode ter um efeito de intensificar os prejuízos listados até aqui. Em vez da catarse que pode ser terapêutica, reviver aquelas cenas, quando ficamos com raiva, tem função inversa, de gerar mais prejuízos.

Quando a professora da PUC de Campinas, Marilda Lipp[114], afirma que 90% dos hipertensos são pessoas com propensão para a raiva, e algumas têm temperamento explosivo, podemos perguntar: Quantos desses talvez sejam hipertensos por terem um comportamento raivoso?

Além de todos esses elementos, o coordenador do Programa de Ansiedade e Depressão, do Instituto de Psiquiatria da UFRJ, ainda acrescenta: "Elas tendem a ter compulsões e, com isso, comem, bebem, e consomem mais. Quando estão com raiva, sua reação costuma ser agredir".[115]

Técnicas para a administração da raiva

As técnicas que auxiliam o sujeito a manter um mínimo de controle sobre essa energia serão sempre bem-vindas, como os exercícios de respiração ou a contagem interna. Distanciam-nos do impulso imediato e impensado, e nos livram de reações impulsivas a que nos arrependeremos mais tarde.

Mas, certamente ninguém conseguirá atingir mais equilíbrio de sua vida emocional apenas com técnicas de contenção dos impulsos. Será sempre preciso buscar a consciência do móvel interior que disparou a energia – e por isso dizermos que essa pode ser a principal técnica.

Para lidar com a raiva, alguns terapeutas sugerem socar almofadas, quebrar objetos, gritar, justificando que essas atitudes nos colocam em conexão com a emoção. Mas o que percebemos é diferente. Dessa forma, não entramos em contato com a raiva. Pelo contrário, esse contato pode ser vazio se não houver a intenção da consciência e o desejo da canalização adequada da energia para as mudanças que precisa operar. Precisamos compreender o próprio funcionamento psicológico, para lidarmos bem mais com as situações.

Entrar em contato com a raiva é dialogar com a emoção, perceber suas características, suas intenções e seus gatilhos. Extravasar da forma sugerida, em geral, não nos faz pensar sobre a raiva – serve mais para nos livrarmos momentaneamente das sensações negativas que ela produz.

Joanna também faz algumas sugestões: gastar a energia em uma corrida ou num trabalho físico estafante.[116] Mas declara que a eficácia da atitude depende de não ter a conotação de fuga de si mesmo. Gastar a energia pode amenizar o nível sufocante em que o sujeito se encontra, tomado pela emoção, para que consiga, depois, digeri-la mais facilmente.

Sendo assim, todas as técnicas podem ser úteis e devem ser usadas, desde que não se tornem mecanismos de escamoteamento, nos afastando daquilo que sentimos ou abafando nosso mundo interior.

COMPREENDENDO A RAIVA

Quando no trânsito, um motorista à nossa frente dirige devagar demais (segundo a nossa avaliação), temos aí um motivo para nos enraivecer, principalmente se estivermos com pressa. O mesmo acontece diante de uma "barbeiragem" em que somos obrigados a mudar de faixa; ou se o outro se atrasa; se o computador ou a impressora não funciona.

Desfilamos entre inúmeras situações que fogem ao nosso controle, que não se submetem aos nossos desejos e reagimos com raiva.

Vivemos dias alucinados, acreditando que o mundo deve girar em torno de nós, e tudo aquilo que impedir o nosso reinado é visto como uma ameaça e precisa ser urgentemente eliminado. Perdemos as referências internas (ou talvez nunca as tivemos) e adoecemos de tal forma que nos tornamos cada vez mais raivosos, irritadiços e de difícil convivência.

Sempre que as coisas não saem como planejadas ou desejadas, sentimos raiva. O ego interpreta isso como um ferimento, uma afronta, e por isso, reage agressivamente.

É um equívoco dizer: "Fulano *me deixou* com raiva", como se a emoção fosse controlada pelos outros

– um estado interno determinado pelo mundo exterior. Se assim o fosse, todos que passassem pela mesma situação deveriam reagir do mesmo modo.

Coerente será pensar: "Senti raiva quando fulano agiu assim". Obrigatoriamente, após essa afirmativa, deveremos nos questionar: "E por que sentir raiva com isso?"

Alguns se sentem assim porque o elevador está demorando a chegar ao andar desejado; outros se irritam apenas no dia em que estão com muita pressa e o elevador demora um pouco mais que o habitual; há os que esbravejam apenas no dia em que estão com pressa, e o elevador está parado por causa de alguém desrespeitoso que o está segurando indevidamente; e ainda existem aqueles que jamais ficam com raiva, mesmo que o elevador demore e eles se atrasem.

Temos uma tendência em transferir as nossas responsabilidades aos outros, e na questão da raiva não é diferente. Por mais que o entorno tenha atitudes julgadas realmente inadequadas, algo aconteceu em nossa interioridade que foi perturbado. Por isso, precisamos nos perguntar: "Por que estou sentindo isso, dessa forma e não de outra?", "Por que sinto raiva quando poderia sentir pena ou compaixão?"

Joanna de Ângelis explica: "Quando algo ou alguém se choca com o prazer, o bem-estar de outrem, ou afeta o seu lado agradável, desencadeia-lhe instantaneamente a chispa da raiva (...)".[117]

Cultivo das Emoções

Ao compreendermos que a nascente de nossos desajustes está na forma como interpretamos as experiências que a vida nos apresenta, somos convidados a observar as mesmas situações por outros ângulos, e certamente assim chegaremos a outras conclusões. Podemos enxergar fatos e características, e não apenas contrariedades e agressões.

O elevador que demora, assim também o colega que "bate de frente" com nossas colocações, o funcionário que não reproduz exatamente o que ensinamos, todos eles têm seus motivos e modo de ser, independente de nossa existência. O mundo e as pessoas são o que são, e não estão obrigatoriamente ligados ao nosso jeito de ser ou ao fato de estarmos presentes.

Essa energia impulsionada pelo ego adoecido é o que chamamos de orgulho ferido.

Em **O evangelho segundo o espiritismo**, há um estudo a respeito da cólera que muito nos interessa.[XIX] O *Espírito Protetor* teoriza que a cólera, quase sempre, é produto do orgulho ferido. "Até mesmo as impaciências que se originam de contrariedades muitas vezes pueris", diz ele, "(...) decorrem da importância que cada um lida à sua personalidade, diante da qual entende que todos se devem dobrar".[118]

[XIX] - Nas obras de Joanna de Ângelis fica evidente a diferença entre a raiva enquanto emoção que faz parte de nosso nível evolutivo, e da qual não devemos nos envergonhar, e a cólera como um grave distúrbio, inimigo do ser humano, que alucina e impulsiona o indivíduo a atitudes completamente irracionais. Ver *O amor como solução* – cap. 17 – "Cólera Perversa".

O egocentrismo é percebido tanto nas pequenas condutas quanto nas grandes exigências. Todas essas situações e sentimentos revelam o nosso estado de ego adoecido pelo excesso de si mesmo, que faz com que interpretemos tudo que colide com nossos desejos e vontades, como um problema a ser resolvido.

Sabemos que o ego tem uma função importante em nossa vida, por isso não podemos interpretar todas as suas sinalizações de desconforto como problemas, como orgulho ferido. Mas há que se ter muita cautela e discernimento na interpretação dessas situações.

Geralmente, as nossas raivas estão ligadas à baixa autoestima. Joanna de Ângelis e muitos outros estudiosos da psique humana, nesse sentido, afirmam: "A raiva instala-se com facilidade nas pessoas que perderam a autoestima e se comprazem no cuidado pela imagem que projetam e não pelo valor de si mesmas".[119]

Então, é comum interpretarmos as experiências por agressões a que precisamos nos defender, mas compreendendo bem mais a situação, encontraremos ali um ego que interpreta todos os desencontros dessa forma. Essa reação revela apenas o nosso desencontro interno, projetando nos outros tudo de negativo que pensamos a nosso respeito, acreditando serem pensamentos e intenções alheias.

Fato é que algumas pessoas podem até pensar mal a nosso respeito, ou quererem mesmo nos diminuir ou prejudicar. Mas certamente, quando não sentimos desprezo por nós mesmos, não nos diminuímos internamente ou não nos rejeitamos, essas atitudes externas pouco nos machucam, como uma ferida cicatrizada que não dói ao ser tocada – e o contrário acontece com aquela ferida aberta que muito dói ao simples toque, por mais suave que seja.

Esse estado de descuido interior que recai sobre a pouca autoestima pode ser comparado ao abandono de nosso jardim. Certamente, quando ele estiver feio e malcuidado, não poderemos responsabilizar o vizinho que jogou uma pequena sujeira pelo fracasso de nosso terreno.

CULTIVANDO A RAIVA

Fazendo a poda

Do mesmo modo que cultivar uma planta implica fazer a poda adequada, cultivar a raiva não é simplesmente alimentá-la para que cresça desgovernadamente. Cuidar é dar curso ordenado para que essa energia cumpra com seu papel e ofereça-nos os resultados esperados.

Encontramos essas orientações nas palavras de Joanna ao dizer que precisamos cuidar para que a descarga volumosa e abrasadora não encontre material inflamável em nós mesmos, para que vá desaparecendo sem deixar vestígios.[120] Com isso, deixa claro a respeito da presença da raiva em nossas vidas e o quanto devemos cuidar para não darmos mais alimento às feras dentro de nós.

Muitos são os textos que nos ensinam a podar essa energia, do jeito que fazemos com as plantas grandes se quisermos mantê-las próximas ou dentro de casa.

Jesus nos esclareceu a esse respeito quando determinou: "Ouvistes que foi dito aos antigos 'não matarás' e 'aquele que matar estará sujeito a julgamento'. Eu, porém, vos digo que todo aquele que se encoleriza com seu irmão estará sujeito a julgamento".[121] Nessa passagem, estabelece que muito mais do que não matar, não temos sequer o direito de nos colocarmos em cólera contra nosso irmão.

O Insigne Codificador, ao analisar essa passagem do Cristo esclarece que não há condenação pura e simples do sentimento de raiva, tendo em vista o nosso grau de evolução, porém o mestre estabeleceu que ela jamais seja dirigida a um irmão. Ele nos diz que Jesus faz "... da brandura, da moderação, da mansuetude, da afabilidade e da paciência, uma lei. Condena, por conseguinte, a violência, a cólera e até toda expressão descortês de que alguém possa usar para com seu semelhante".[122]

Nós não podemos nos privar de senti-la, sob o risco de nos reprimirmos e nos perdermos de nós mesmos, porém temos o compromisso da poda, através do controle e da disciplina, para que essa emoção não seja extravasada inconsequentemente, ferindo o nosso próximo e as leis.

Esse mesmo tipo de orientação também nos é dada por Paulo, na Carta aos Efésios, mostrando que embora sintamos ira, não podemos nos furtar ao autocontrole: "Irai-vos e não pequeis; não se ponha o sol sobre a vossa ira".[123]

E na expressão "não pequeis" é preciso lembrar as agressões declaradas e violentas, sem esquecer as mais silenciosas ou ardilosas como a soberba, a ironia ou a crítica.

Cultivo das Emoções

Podar, no sentido de disciplinar determinada energia para evitar mais prejuízos, não é reprimir. A repressão é uma negação para si mesmo, acontece de maneira inconsciente – nem sabemos que estamos reprimindo. A contenção é a ação consciente para o sujeito que percebe seu estado emocional e, por bem compreendê-lo, dialoga internamente, avaliando como estabelecer as atitudes que gerem menos prejuízos para si e para os demais.

Quando assim agimos, tentando compreender a emoção em nós, antes de darmos vazão desgovernada, adentramos outro estado emocional mais pacificado. Entrar em contato com a própria raiva e começar a entendê-la, analisando seus disparadores e os complexos que foram tocados, produz uma organização interna, um estado de mais lucidez que nos impede de sermos tomados pela emoção que nos deixa destrambelhados.

Nessa mesma perspectiva de análise, no texto de Tiago encontramos um elemento importante nesse movimento de poda: "Sabeis isto, meus amados irmãos; mas todo homem seja pronto para ouvir, tardio para falar, tardio para se irar. Porque a ira do homem não opera a justiça de Deus".[124]

Ele nos ensina a fazermos uso do tempo, afinal, as respostas imediatas em geral são as mais questionáveis. Quando "nos damos um tempo" para pensar, analisar as situações por outros ângulos, silenciando os impulsos daquele momento, em geral, chegamos a outras conclusões e somos levados a tomar outras atitudes, diferentes daquelas em que agimos intempestivamente.

Precisamos nos apressar em ouvir e nos demorar em reagir, afinal, dessa maneira poderemos enxergar os fatos com mais detalhe e profundidade e, principalmente, enxergar a nossa alma.

Emmanuel, ao comentar com detalhe o ensinamento de Tiago diz:

> O caminho humano oferece, diariamente, variados motivos à ação enérgica; entretanto, sempre que possível, é útil adiar a expressão colérica para o dia seguinte, porquanto, por vezes, surge a ocasião de exame mais sensato e a razão da ira desaparece.[125]

O tempo nos permite reagir às situações do mundo, sem necessariamente nos colocarmos na centralidade da vida e na oposição total – e aí poderemos ter uma atuação vigorosa despida de maus sentimentos.

Sabemos que o contato com a emoção não faz com que ela desapareça de dentro de nós de uma hora para outra. Acreditar nisso seria ilusão. Contudo, sabemos que quanto mais disparadores da raiva estiverem inconscientes, maior será seu potencial destrutivo e desorganizador. E no polo oposto, quanto mais tempo nos oferecermos para enxergarmos a mesma situação por outros ângulos, mais acertadas serão nossas atitudes.

Cultivo das Emoções

Criando uma cerca para nos proteger

Do ressentimento, que tudo guarda e nada transforma, à indignação, que tudo expõe e quer mudar o mundo, caminhamos pelos extremos da vida, em busca do equilíbrio que não está nem no silêncio gélido, nem na gritaria ou agressão incendiada.

Lidar com a raiva com a noção de cultivo sugere-nos que, por vezes, seja preciso colocar uma cerca de proteção no entorno, como fazemos com as plantas frágeis que precisam de mais acolhimento.

O autocuidado e o autoamor são virtudes, mas também são facilmente confundidas com egocentrismo. Em determinadas situações, precisamos sinalizar ao mundo o que estamos vivendo interiormente, sem tentarmos camuflar nossas dores ou fingir que nada aconteceu.

Como cada um fará essa sinalização adequadamente é uma questão pessoal, mas o fato é que a raiva precisa ser canalizada em forma de cuidado pessoal para que não gere ressentimento.

Joanna aconselha em **Autodescobrimento - uma busca interior** que, quando ofendido, o indivíduo precisa expor seus sentimentos ao agressor, aos amigos, sem queixa, sem mágoa, demonstrando ser normal a vivência dessa emoção, e que como ser humano, necessita de respeito.[126]

O outro não tem a obrigação e, muitas vezes, não tem condições de saber o impacto de sua atitude em nós. Se não falarmos, numa postura de subestima ou de falsa humildade, ele jamais terá elementos incentivadores de nossa parte para mudar determinado comportamento.

Acontece que não podemos confundir *feedback* com imperativo de mudança. Quando oferecemos um *feedback* para alguém é porque desejamos que ele saiba a repercussão de seu comportamento em nós. Agora, esperar/exigir que ele mude, é outra questão que não nos cabe.

Explicitar adequadamente, quando possível, o que sentimos é uma regra de boa convivência. Porém, a responsabilidade em lidar com a raiva é unicamente nossa, e a mudança do comportamento do outro é exclusivamente dele.

Certamente, já vivemos muitos equívocos em reencarnações anteriores pelo excesso dessa energia atuando inadvertidamente, contudo, estamos percebendo que a oposição àquele comportamento, tentando silenciar a força, não é necessariamente o equilíbrio.

É preciso sinalizar ao agressor o que sentimos, caso contrário, estamos dando autorização para continuar. E o pior de tudo é que vamos camuflando, fingindo que nada está acontecendo, e em determinado momento teremos uma explosão desproporcional – somatório da situação imediata e de tudo aquilo que não trabalhamos anteriormente.

Ao sermos traídos num relacionamento conjugal, é natural sentirmos raiva. O extravasar, nesta situação, pode ser feito da forma mais civilizada à mais grosseira, levando o indivíduo a se fechar silenciosamente ou a tentar matar o cônjuge.

Diante de uma situação de ferimento o ego faz sinalizações de desconforto. Dessa situação surgirá uma energia exigindo mudança. Com o olhar voltado para o nosso interior, identificaremos as necessidades verdadeiras e conduziremos essa chispa para um movimento de autoproteção legítima.

A questão é: "Como sinalizar então nossos ferimentos e nos protegermos sem agredirmos?"

Chegar a essa resposta é um grande desafio e uma equação pessoal, mas esse movimento precisa acontecer dentro de nós. Vejamos: quando permanecemos muito tempo na fila de um banco e o atendimento demora além do tempo máximo previsto para a espera, esse incômodo não pode ser interpretado por simples egocentrismo a ser superado. Se nos sentimos incomodados, precisamos meditar sobre todos os fatores envolvidos, não caindo na armadilha de culpar o mundo, mas também não "engolindo" essa energia. Podemos movimentá-la para efetivar uma reclamação adequada, pedindo ao gerente do banco uma explicação sobre a extrapolação do tempo de espera previsto pela lei. Mas também podemos movimentá-la para agitar os demais que estão na fila, e criar um ambiente de tumulto e desequilíbrio. Nessa movimentação interna, podemos gritar na fila, falar mal dos atendentes, agredir os responsáveis; também podemos "estragar" o nosso dia, comentando a cada pessoa que encontrarmos sobre o inconveniente do banco; ainda, nessa perspectiva de movimentação interna e externa, caso a situação ocorra repetidamente, há possibilidade de mudar de instituição. Todas essas são possibilidades que estão diretamente ligadas à maior ou menor capacidade de contatarmos e canalizarmos adequadamente nossa energia.

O equilíbrio para o sujeito que se impõe agressivamente não é a omissão. A vida nos oferece inúmeras situações dolorosas em que não temos alternativas senão silenciarmos e repensarmos a nossa imagem, contudo, não devemos assumir uma atitude masoquista, vencidos pelo atavismo de que o sofrimento liberta, sem entendermos que a libertação está no bem sofrer, que o Espírito Lacordaire nos ensinou.[127]

Descuidar-se de si mesmo não é uma virtude. Em algumas situações pode significar falsa modéstia, e em outras, crime contra a Lei Divina. Somos filhos de Deus e temos um compromisso para com Ele. Somos parte da Criação.

Quando nos encontrarmos em situações de violência física ou moral, o ego certamente fará sinalizações buscando sobreviver, e essa reação precisará ser acolhida com respeito e autoamor.

É certo que já vimos pessoas que mantêm uma postura de submissão, mesmo à custa de dor e sofrimento, com o objetivo de demonstrar ao mundo que são boas, mansas e humildes. Se assim procedem, não o fazem pelo outro, como se fossem verdadeiramente altruístas, equilibradas ou caridosas, mas sim pela própria imagem – talvez para se sentirem amadas, valorizadas, especiais.

Todos têm um limite pessoal para sobreviver às dores do ego. Às vezes, mesmo à custa de violências morais, certas pessoas conseguem suportá-las e serem felizes por se superarem, pensando em um bem comum.

O problema está naquele que finge agir por um bem maior, mas na verdade o faz sem o consentimento da alma, agindo assim, com a intenção equivocada de ser elevado futuramente. Essa atitude, produto do ego adoecido pelo desejo de elevação, produzirá maus frutos. Por não ser consequência direta do amor legítimo, acabará por destruir os bons sentimentos.

Ultrapassar o limite pessoal sob justificativa de elevação moral é transgredir a lei, "(...) fingindo santificação antes de ter alcançado a plena humanização".[128] A partir disso, tudo o que poderia ser aprendizado e crescimento interior, por nos machucar demais, se transforma em mágoa, em ressentimento, ou até em ódio.

Muitas relações, não somente as de casamentos, terminam nessa condição. Entendemos, nestes casos, que as pessoas perderam a medida de si mesmas, não percebendo estarem se autoflagelando ao permanecerem passivas em determinada situação. Certamente, deveriam ter reavaliado a relação, os combinados, os limites, pois além de não conseguirem se desenvolver, ainda se perverteram emocionalmente, comprometendo seus bons sentimentos.

O fato de exigirmos nossos direitos adequadamente, com certeza fará acalmar essa energia dentro de nós. Reagir desorganizada ou descontroladamente é um problema, mas agir conscientemente não. Quando cultivamos adequadamente essa energia, protegendo-nos de situações ofensivas, violentas e desnecessárias, fazemos o movimento saudável e a energia tende a se estabilizar dentro de nós.

O cuidado é para não interpretarmos tudo e atuarmos a partir de nossas lentes complexadas. Quando vivemos um complexo de inferioridade tendemos a nos sentir inferiorizados ao não sermos atendidos no tempo esperado. Mas se assim interpretarmos, como uma agressão pessoal, não exigiremos mudanças no banco por melhorias do serviço, mas sim por vingança. Aí, a reação será movida por sentimentos negativos desnecessários, consequência de nosso egocentrismo.

Precisamos manter a espontaneidade e a transparência interior, conduzidos pela sabedoria para efetivas resoluções em nossa vida. Fingir conforto não é a solução, muito menos explodir com aquilo que não aceito ou não gostaria de passar.

Armar-se contra o próximo está longe de ser um comportamento virtuoso, embora seja uma conduta muito valorizada nos dias atuais, confundida com coragem ou vigor, em que todos são vistos como potenciais inimigos, entre suspeitas e desconfianças, em agressões infelizes.

Proteger-se é muito diferente de agredir o outro. Por isso, a mentora nos orienta a não nos permitirmos a intoxicação com os vapores morbosos da dissensão, mantendo-nos em equilíbrio mesmo quando ocorram situações vexatórias e que nos provoquem reações violentas. Provocações e agressividade surgem a cada momento, desafiando-nos, porque nos encontramos no mundo em processo de desenvolvimento intelecto-moral sujeitos, portanto, às condições ambientais e sociais.

"Envolve-te na lã do cordeiro de Deus e evitarás o choque dessas reações violentas".[129]

Permitir que o impulso agressivo predomine em detrimento do raciocínio e da lógica é aceitar que a natureza animal se sobreponha à natureza espiritual.

Revidar o mal com o mal, nunca!

Adubando o solo para a atuação vigorosa

Adubar o solo é fortalecê-lo para permitir o desenvolvimento adequado da planta. Nesse sentido, precisamos dar impulso às nossas emoções, desde que atendam às necessidades divinas em vez das puramente egoicas.

Como nos disse Daniel Goleman, a raiva produz um estado de alerta e preparação do corpo para golpear o inimigo, gerando pulsação e energia suficiente para uma atuação vigorosa.[130]

Equivocadamente, temos "atuação vigorosa" por sinônimo de desequilíbrio. Daí, confundirmos a submissão como o oposto da raiva, sem entendermos que o vigor é necessário para as grandes realizações.

Quando o ego harmonizado com o *Self* consegue utilizar dessa energia de movimentação para operar mudanças importantes, transformar situações, impedir a violência e o desrespeito, está fazendo uma atuação vigorosa com fins positivos.

Ao vivermos um casamento em que somos constantemente traídos, sentirmos raiva é um sinal de que o ego se sentiu ferido. Mas isso, não necessariamente quer dizer egocentrismo. Em verdade, em uma situação como essa o estado de adoecimento egoico seria justamente o contrário. Permanecer dessa forma, fingindo nada acontecer e tudo suportar, seria uma forma de descuido pessoal. Não exigir qualquer mudança no sentido de autopreservação é que seria um problema, afinal, não podemos confundir tão facilmente autoamor com egocentrismo.

Frente a essa situação, uma atuação vigorosa será bem-vinda, caso contrário, ao nos mantermos passivamente, estaremos descuidando de nós mesmos. Mudanças externas talvez sejam necessárias, recontratando a relação ou até revendo a possibilidade de estarmos juntos ou não.

Essas forças que nos conduzem ao silêncio, ao autocuidado ou ao vigor, fazem parte do conflito universal dos opostos dentro de nós, que, segundo Whitmont[131], ocupa o primeiro lugar entre nossos problemas psicológicos.

São os princípios do feminino e do masculino que sugerem complementação dentro de nós para a harmonia interior. Caso não viva uma interação adequada, produzem dificuldades na relação conosco mesmos e com os outros.

O autor explica que na filosofia chinesa o *Yin* é lado do ser humano, independente do gênero masculino ou feminino, representado por receptivo, dócil, retraído, frio, úmido, escuro, concreto, envolvente, continente, doador de forma e gerador. É visto por simbolismo da Terra e da Lua, da escuridão e do espaço, é o negativo, indiferenciado e coletivo. O *Yang* é representado pelo elemento criativo ou gerador, ou a energia iniciadora; o aspecto impulsivo, agressivo, de rebelião. É o calor, o estímulo, a luz, o divisor, a espada, o poder de penetração e até mesmo despedaçador; manifesta-se em disciplina e separação. É o Sol. Desperta, luta, cria e destrói, é positivo e entusiasmado, mas também restritivo e ascético – tendência separadora.

A harmonia do mundo e do ser humano não se encontra na exclusividade de uma ou de outra energia, mas no equilíbrio das duas. Os desenhos que expressam essa comunhão são compostos dos dois lados que se influenciam mutuamente, produzindo um estado de interação que compõe um terceiro elemento.

Se formos possuídos pelo *Yin*, o mundo certamente nos exterminará em pouco tempo, aniquilados interiormente para atender aos demais que não reconhecem o limite de cada um, consequência da sociedade egocêntrica que alimentamos. Com o predomínio absoluto da energia feminina, poucas realizações se dão efetivamente, pois há de se ter vigor, persistência, determinação e iniciativa para se estabelecer no mundo atual e, principalmente, para construir um mundo de paz.

Porém, se somos possuídos pela energia vigorosa, *Yang*, a força torna-se inflexível, ausente de afeto e acolhimento, impedindo a profundidade das relações, o tempo certo de amadurecimento e colheita na vida. Como o fogo, que a partir de certo limite deixa de aquecer para queimar.

A atuação harmoniosa encontra-se no equilíbrio dessas forças, como os pais que conseguem transitar pelas regras e exigências direcionadas a seus rebentos, sem se afastar do afeto e do carinho, deixando claro aos pequenos o quanto são amados e respeitados por serem quem são.

Toda vez que essa energia de movimentação atuar desgovernadamente, sem que se analisem as consequências ou prejuízos, ela estará impulsivamente sendo um móvel do ego adoecido e, por isso mesmo, precisará de cuidados urgentes.

Não é a atuação vigorosa que determina o estado de adoecimento, mas sim os sentimentos que as impulsionam e as intenções que lhes movem.

Joanna chama de "ira santa" a atuação enérgica de Jesus. Mostrou-se indignado no momento em que

Lhe afastaram as crianças,[XX] e severo quando Pedro, Tiago e João não foram capazes de vigiar, conforme ele pediu, enquanto orava.[XXI]

No fenômeno da Ressurreição de Lázaro, quando Maria, irmã de Marta, juntou-se aos pés de Jesus dizendo: "Senhor, se estivesses aqui, meu irmão não teria morrido"[132], o evangelista diz que o Mestre "... agitou-se em espírito, perturbou-se".[133] Essas duas expressões, de acordo com a nota de rodapé do tradutor, significam: "irritar-se, enfurecer-se; falar em tom severo, censurar; comover-se; agitar-se, perturbar-se (de emoção)" e "agitar-se, perturbar-se; revoltar-se".

No episódio da cura do homem com a mão atrofiada, quando queriam incriminá-Lo por curar aos sábados, Marcos[XXII] relata o comportamento do Mestre:

> Diz-lhes: É lícito no sábado fazer o bem ou fazer o mal? Salvar uma vida ou matar? Eles, porém, silenciaram. Olhando em derredor deles, com ira, afligindo-se da dureza de coração deles, diz ao homem: Estende a mão. Ele a estendeu, e foi restaurada, como a outra.[134]

[XX] - Descrito nos Evangelhos de Mateus 19: 13 a 15; Marcos 10: 13 a 16 e Lucas 18: 15 a 17.
[XXI] - Descrito nos Evangelhos de Mateus 26: 40 e de Marcos 14: 37.
[XXII] - Também descrito nos Evangelhos de Mateus 12: 9 a 14 e de Lucas 6: 6 a 11.

E na passagem evangélica sobre a expulsão dos vendilhões do templo – a mais conhecida em relação ao tema[XXIII] – descrita em Mateus:

> Jesus entrou no templo e expulsou todos os que vendiam e compravam no templo, e derribou as mesas dos cambistas e as cadeiras dos vendedores de pombas. E diz a eles: Está escrito: a minha casa será chamada casa de oração. Mas vós fizestes dela um covil de assaltantes.[135]

Inicialmente as expressões parecem equivocadas, mas com breve atenção percebemos que esse comportamento enérgico pode ser "santo" ou "demoníaco", dependendo do que lhe desencadeou e de quais são as nossas intenções.

A mentora nomeia de "santa" porque é uma atuação emocional sem qualquer laivo de ressentimento ou de ódio, de menosprezo ou desconsideração pelos indivíduos em curso nas Suas austeras palavras.[136]

Podemos verificar nas passagens citadas, que nenhuma delas pode ser confundida com o orgulho ferido de Jesus, num comportamento egocêntrico em que Ele não admitisse ser submetido. As maiores comprovações desse fato foram a traição de Judas, a negação

---

[XXIII] - Essa passagem consta nos quatro Evangelhos: Marcos 11: 15 a 19; Lucas 19: 45 a 48 e João 2: 13 a 22, sendo que nesse último ainda há a descrição de que Jesus fez um açoite de cordas e expulsou os vendedores.

de Pedro e a crucificação. Mesmo sofrendo injustiças e abandono, submeteu-Se, porque sabia que era aquela a vontade do Pai – ou seja, que estava sob o influxo divino.

A atuação de Jesus, mesmo que vigorosa em alguns momentos, nunca foi dirigida por um ego doente e alienado, que se sente no direito de exigir e esbravejar quando não é atendido, mas sim a serviço de uma força maior, e por isso mesmo santificada.

Mudando a planta de lugar

No cultivo das plantas, muitas vezes precisamos trocá-las de lugar. Em um jardim, um dos principais motivos dessa troca é quando o sol incide demais sobre algumas delas.

Com a raiva isso também acontece. Queimamo-nos quando nossa temperatura vai além de nossas possibilidades. Precisamos mudar de lugar para encarar as situações por um ângulo menos egocentrado.

Quando impulsionada pelo ego adoecido, pelo excesso de nós mesmos, queremos mudar o mundo e fazer com que as pessoas se adaptem a nós, sem perceber que estamos nos colocando em um lugar privilegiado, acima do que merecemos. Às vezes, somos nós que precisamos mudar de lugar.

Assim como a conservação, a destruição também faz parte da Lei Divina. Em **O livro dos espíritos**,

Allan Kardec destina um capítulo da terceira parte para essa análise e compõe esse trecho com 44 questões. Ali, os espíritos superiores ensinam que precisamos enxergar na destruição uma transformação, e que, a destruição é divina quando se cumpre em um tempo, necessidade e sentido adequados.

Precisamos operar mudanças externas, tentando sempre agir destituídos do sentimento de vingança e mágoa, conforme já aprendemos. Mas, o que queremos ressaltar é que talvez as maiores e mais difíceis destruições/mudanças precisem acontecer em âmbito pessoal.

Desejamos mudar as relações para não precisarmos nos modificar internamente, e não sobrepujarmos o nosso orgulho ou egoísmo. Criamos explicações falsas, interpretamos as situações de modo enviesado, tudo para tentarmos manter inconscientemente o ego alienado em seu pedestal.

Precisamos romper com as imagens dentro de nós mesmos, do quanto nós nos achamos importantes, certos e adequados, pois sentimos raiva quando o mundo não se ajusta a esse julgamento equivocado que fazemos de nós mesmos.

Por isso, falamos em mudar a planta de local, em trocar de vaso, pois precisamos adentrar a um estado de menos "luminosidade", descobrir os benefícios da sombra, permitindo-nos rever posicionamentos e ações.

O cultivo inadequado da raiva, através do rompimento desnecessário, querendo se subtrair de transformações morais, faz com que ela se transforme em energia desenfreadamente destrutiva.

Cultivar a raiva é canalizar essa energia para atuar de forma a fazer com que a Lei Maior se estabeleça. Por vezes, precisamos realizar mudanças externas, revendo relações, situações, contratos e interromper situações desnecessárias e prejudiciais. Porém, na maioria das vezes, precisamos nos dobrar aos desígnios maiores e impor certas condições internas, mudando nossa forma de ver e interpretar os fatos, exigir menos e aceitar mais, afinal, o principal desajuste com a lei que devemos enfocar é o nosso próprio.

Colocar a mesma planta em outro vaso para que se desenvolva melhor é um convite para não nos colocarmos de modo tão importantes...

O cacto assim se desenvolveu, enrijecendo-se e se fechando naquela casca grossa para sobreviver ao clima árido. E assim agimos frente à aridez da vida.

Mas, com um pouco de meditação a respeito do sentido da vida e da presença de Deus, conseguiremos entender que muitos embates que a vida nos apresenta não são simples agressões para nos destruir, mas convites divinos para a mudança.

Embora ostentem espinhos e aparência de secura, em geral os cactos são suculentos em seu interior. Assim também somos nós tomados pela raiva. Mostramo-nos áridos de empatia e bons sentimentos, apenas porque não encontramos alternativas de sobrevivência. Criamos a casca para não "perder água", para não nos sentirmos invadidos, agredidos, violentados. Mas, ao nos conscientizarmos de que não estamos no deserto, mas sim em solo fértil, cuidados por Deus e sob suas leis justas, tudo mudará. Ao sentirmos o amor que o Pai tem por nós, não precisaremos criar a casca grossa de proteção, entendendo que todos estão submetidos à sua justiça e bondade infinitas.

Ao longo de toda a obra **Psicologia da gratidão**, Joanna de Ângelis explica-nos que existem sofrimentos que nos chegam sem depender de nossas atitudes. E que precisamos aceitá-los por verificar que o fenômeno da dor tem razão de existir naquele momento.

Precisamos de sabedoria para entender e de humildade para aceitar que a destruição é necessária. Mas, em geral, se a vida nos ofereceu algo e não nos deu alternativas de mudança, é porque se trata da necessidade de destruição dos padrões e da imagem elevada e falaciosa que construímos a nosso próprio respeito.

Ao compreendermos, então, a necessidade de modificação pessoal, agradeceremos a Deus e às pessoas que conosco conflitaram, que nos tiraram da ilusão da autoimportância demasiada. Pois se assim nos mantivéssemos, ainda estaríamos sob as garras de um ego adoecido, vivendo uma falsa superioridade e completamente destrutiva.

CAPÍTULO SEIS

A TRISTEZA

A TRISTEZA

A tristeza é uma emoção fascinante, pois ao mesmo tempo em que está relacionada com a fraqueza, é uma importante chave para a transformação interior e o crescimento emocional para os fortes e corajosos que conseguem vivê-la adequadamente.

Comparada às estações do ano, a tristeza seria o outono, caracterizado pela perda do potencial energético e pela queda na temperatura. As noites são mais longas do que os dias, tornando-se mais úmidas e frias. É o período mais associado à nostalgia e até ao declínio da existência, devido às quedas das folhas amareladas. O outono, do mesmo jeito que a tristeza, representa um momento de transformação da vida, ocasião em que se termina um ciclo para começar outro.

No cultivo das emoções, simbolizamos a tristeza através da orquídea – uma linda flor. Essa espécie tem variadas cores, tamanhos e formas, exigindo cuidados específicos conforme suas características. Assim somos nós, passando por diferentes experiências nas quais ficamos tristes, necessitando de atenção quase que particular. Muitos cultivadores de orquídeas afirmam que o seu florescimento estaria mais ligado à sua adaptação do que à estação em si. Isso quer dizer que é essencial conhecer o tipo de flor para adequar os cuidados. Questões de adubação e espaço também influenciam em seu desenvolvimento. E assim é a tristeza, pois dependendo do cuidado oferecido, pode deteriorar-se cada vez mais, tombando nas malhas da depressão, ou florescer em lindas cores.

    A tristeza parece simples fechamento, mas quando comparada às orquídeas, possui um intervalo para floração que, às vezes, pode ser extenso. Entretanto, se durante o período de ausência de flores o jardineiro, por ignorar esse fato, interromper o cultivo, jamais terá bons resultados. Da mesma forma, poucos, por desconhecerem as características da orquídea e da tristeza, serão capazes de continuar oferecendo-lhes os devidos cuidados para que possam apreciar futuramente um novo florescer.

    Nesse capítulo, pretendemos definir essa emoção enquanto uma energia de introspecção, mostrando a importância de senti-la de maneira harmoniosa, sem lamentações, para que cumpra o seu papel de reajustamento em nossa vida. Depois, apresentaremos a diferença entre tristeza e depressão, e nos aprofundaremos no transtorno devastador da atualidade, pela ótica psicológica e espírita, oferecendo caminhos seguros para o equilíbrio emocional.

DEFININDO A TRISTEZA

A tristeza é definida como "Estado afetivo caracterizado pela falta de alegria, pela melancolia; falta de alento, desalento, esmorecimento; momento em que prevalece o estado de melancolia, de desânimo, de aflição".[137]

A definição evidencia que a tristeza é uma emoção voltada para dentro, um abatimento, uma falta de energia que faz com que nos descolemos um pouco do mundo externo. Dizemos que é o convite gentil do Pai para que fiquemos um pouco mais conosco mesmos.

Esse estado de introspecção é um dos aspectos que a torna de difícil lida. Poucos temos intimidade interior, e quando somos "obrigados" pelo nosso psiquismo a permanecer assim, sentimos incômodo, desconforto ou mesmo dor. Isso nos faz querer "abandonar o barco" antes mesmo de realizar a travessia, resultando em grave prejuízo emocional.

Para bem mais entendimento dos termos, é preciso esclarecer que melancolia é uma palavra pouco utilizada, tecnicamente, sinônimo para depressão na Antiguidade. Atualmente, na arte, a melancolia expressa um estado de vaga e doce tristeza que compraz e favorece o devaneio e a meditação.[XXIV] Além disso, o dicionário explica ser um termo do século XIII, considerado pela Medicina da época um "... mal derivado do excesso de bílis negra, que levava os indivíduos acometidos à lentidão, tristeza e prostração".[138]

Daniel Goleman refere-se à melancolia como "uma tristeza mais corriqueira" ou uma "depressão subclínica", um tipo de desolação que as pessoas controlam por si mesmas caso tenham os recursos interiores.[139]

[XXIV] - Joanna de Ângelis informa que a melancolia era a forma como os gregos denominavam a depressão. No livro *Atitudes renovadas* ela define a melancolia como um estado de saudade de algo conhecido e perdido ou desconhecido e não experimentado que, em prolongando, pode transformar-se em depressão.

IDENTIFICANDO A TRISTEZA

A tristeza é uma emoção mais silenciosa do que o medo e a raiva. Por este motivo, exige mais atenção para identificá-la. Não devemos nos perguntar se sentimos tristeza ou não, porque ela é uma emoção básica. Precisamos nos questionar: "Quando nos sentimos tristes?", "Como nos comportamos quando nos sentimos tristes?", "Qual o tamanho dessa tristeza?" E: "O que fazemos com ela?"

No livro **Inteligência emocional**, o autor descreve que a tristeza acarreta uma perda de energia e de entusiasmo pelas atividades, e por isso alguns de nós confundimos tristeza com cansaço. Até porque em certos meios parece mais digno, principalmente para os homens, falar que estão cansados do que tristes.

Em sua colocação, ainda diz que essa diminuição de energia é, em especial, referente às diversões e aos prazeres. Isso nos auxilia identificá-la, à medida que prestamos atenção em nossos comportamentos e em nossos interesses.

Algumas pessoas não identificam seus sintomas ou, em intuindo-os, querem fugir desse contato. Certamente, a situação que não é percebida, avoluma-se tornando o quadro complexo.

Quando a tristeza é profunda, a velocidade metabólica do corpo fica reduzida, e assim deduzimos ser mais fácil a identificação do mal-estar emocional, pelo simples fato da situação estar mais avançada.

É um fenômeno psicológico transitório, normalmente de curta duração. Essa explicação é importante tanto na identificação da emoção natural quanto de uma situação mais grave.

Em geral sentimos tristeza em certas situações, mas à medida que cessam os efeitos ou que encontramos tempo para identificar e aceitar o ocorrido, logo retomamos à vida normal. Por isso, aprendemos que a tristeza não é o inverso da alegria, mas a sua ausência momentânea. É claro que a brevidade desse processo e as cicatrizes deixadas dependerão do tamanho do sentimento de perda de cada um, dos valores que atribuía à situação-problema e da capacidade do sujeito em realizar a reorganização interior.

SENTINDO A TRISTEZA

Ekman teoriza que a tristeza é uma emoção mais prolongada que a angústia. A primeira seria sinônimo de passividade, resignação e desesperança. A segunda, de protesto, num intento de lidar com a fonte da perda. Para ele, após um período de angústia protestante há um período de tristeza resignada, em que a pessoa se sente totalmente desamparada. Em seguida, novamente a angústia retorna na tentativa de recuperar a perda. Então, voltam a tristeza e a angústia, repetidas vezes.[140]

Para esse autor, mesmo diante de uma dor intensa, há momentos em que outras emoções podem ser sentidas, como a raiva, e até mesmo a diversão, lembrando momentos agradáveis.

As definições causam-nos um impacto negativo devido à noção de um estado permanente e de constante sofrimento. Geralmente, nos afastamos dessa emoção por estar associada a sensações dolorosas, e ao entrarmos em contato com ela, nós nos perdemos num quarto escuro em nosso interior. Acreditamos, por isso, que deve ser extinta o mais rápido possível. Entretanto, se não desenvolvermos a capacidade de suportar essa dor, pouco extrairemos dela o que há de belo, transformador e divino. E mais, alguns estudiosos afirmam que quando não nos permitimos viver a tristeza, a sensação de dor e sofrimento tende a aumentar.

Certas pessoas insistem em viver emocionalmente ilesas. Isso é doloroso e patológico, afinal não há como ocultarmos o sentimento de uma perda. Quando temos dificuldade em aceitá-la, fazemos um esforço hercúleo para fugirmos de nós mesmos, não nos oportunizando momentos de solidão, de silêncio, de quietude. É comum nos colocarmos constantemente em barulho, ligando o som, a televisão, e mesmo sem perceber, fixamo-nos em jogos e aplicativos dos celulares, mantendo contato com o mundo exterior, em um grande desgaste de energia, pelo receio de ouvirmos o chamado interno.

Construímos uma cultura avessa à tristeza. Embora ela faça parte do rol das emoções básicas, em muitos contextos é menosprezada e rejeitada. Facilmente percebemos a dificuldade que temos de vivenciá-la. Confundimos equilíbrio com elegância. Quando nos permitimos chorar, o fazemos de maneira discreta ou imperceptível. Não permitimos o choro de nossas dores e então, na primeira cena emotiva na televisão nos debulhamos em lágrimas "aceitáveis". Educamos nossos filhos para "não se abaterem", para serem "fortes". Há algum tempo dizíamos que "homem não chora". Atualmente, muitos ainda acreditam que chorar é atitude de quem aparenta fraqueza ou impotência, de quem é exageradamente delicado ou frágil, como se isso fosse de verdade um problema.

Cultivo das Emoções

Nossas dores e tristezas ficam, por nós mesmos, relegadas ao abandono. Em geral, são aparentemente suplantadas pelos divertimentos passageiros, pelas alegrias fugazes, fermentando um morbo pestilento que em determinado momento vai se tornar insuportável.

Vivemos dias de exposição, em competições veladas e também explícitas. Preocupamo-nos em convencer os outros de que somos extremamente felizes, que temos muitos amigos, que saímos muitas vezes e viajamos para diferentes e melhores lugares. Postamos fotos nas redes sociais, como se fôssemos acumular pontos em uma corrida desenfreada para que o mundo acredite em nosso bem-estar. E somos atingidos pelas nossas próprias armas, pois ao olharmos ou *bisbilhotarmos os perfis alheios*, cremos que realmente todos são felizes, menos nós.

Nutrimos uma sociedade com exigência de alegria absoluta, impondo a expressão do sorriso mesmo quando o coração chora e a alma se debate em gemidos silenciados. Temos imensa dificuldade de suportar a ideia de fracasso, de traição, de abandono, e alguns preferem até o suicídio a aceitarem a condição atual e reverem a autoimagem. Por isso, além da atitude descompensada de ocultar o verdadeiro estado existencial, elegemos uma ação ainda pior, a de esconder de nós mesmos as emoções profundas, por acreditarmos que ao senti-las, estaríamos traindo as Leis Divinas e nos mostrando falíveis.

A tristeza é um fenômeno natural, e precisamos aprender a encarar este fato. "Faz parte do cardápio da saúde, proporcionando momentos de melancolia, de reflexão, de falta de interesse por valores que, em determinado momento, eram portadores de significação, e a perderam".[141]

Em **Atitudes renovadas**, encontramos um capítulo importante que aborda a questão da tristeza. Ali vemos novamente que esta emoção não é uma patologia, mas sim, "... um fenômeno natural que ocorre com todas as pessoas, mesmo as que vivenciam os mais extraordinários momentos de alegria".[142]

Assim, permitimo-nos viver tristezas passageiras, tendo a certeza de nossa saúde mental, quando buscamos o contato adequado e consciente com essa emoção. Por isso a mentora nos instrui: "Não cultives a tristeza nem fujas dela, aceitando-a, quando se te apresentar e retirando o melhor resultado da oportunidade de reflexão que te proporcione".[143]

Em **Iluminação interior**, Joanna de Ângelis diz:

> A tristeza é uma emoção natural, em face dos problemas e dificuldades que se apresentam na existência de todas as pessoas, como decorrência de desencantos, choques e insatisfações (...), não afetando, porém, os sentimentos profundos.[144]

Cultivo das Emoções

A *tristeza dos outros*

Pela incapacidade de sentir e vivenciar nossas tristezas, tornamo-nos incapazes de suportar as tristezas alheias. Se forem nossos filhos, diremos para "engolir o choro". Se forem nossos amigos, logo faremos algo para que essa emoção desapareça. Achamos que precisamos alegrá-los, mudar o astral, fazê-los sorrir mesmo sem motivos significativos para isso, revelando nossa imaturidade em lidar com as emoções verdadeiras.

Se uma amiga ou amigo vive a traição do parceiro (a), é comum logo convidarmos para sair, divertir-se, beber, encontrar pessoas novas, fugindo do contato interior que a tristeza gentilmente os convida.

Pela dificuldade de contatar as emoções, talvez por não sabermos como agir ou por não compreendermos sua importância em nossas vidas, fugimos e determinamos inúmeras vezes: "Não fique triste!"

Tudo isso acontece por não compreendermos que, assim como as plantas, a nos oferecer belas flores, a tristeza também precisa ser cultivada adequadamente, ao seu tempo.

Temos certeza que nesses momentos, o melhor que podemos fazer por nossos afetos é ouvi-los, abrindo espaço para a expressão do mal-estar, com postura de acolhimento e compreensão, para que ela cumpra com seu papel na vida de todos.

COMPREENDENDO A TRISTEZA

A metáfora do buraco

Vivenciar um episódio de tristeza, muitas vezes, é como sentir uma escavadeira esburacando-nos a alma. Ficamos sem rumo, sem o que pensar e falar. Choramos. Perdemos a referência. Sentimos um dilaceramento emocional, que até parece físico – sentimos na carne.

Caímos em um buraco existencial. E a tendência, por nossa imaturidade emocional, é levantar e logo tentar tapá-lo, fingindo que nada aconteceu.

A vida apresenta-nos inúmeras situações que não gostaríamos de viver, dores, perdas, frustrações. Cada uma delas pode ser simbolizada por essa sensação de buraco que vivemos interiormente, como quem perdeu algo, ficou sem chão, sentindo um vazio.

É claro que a suposta solução emocional do tapete é muito mais barata e rápida do que o enfrentamento da situação. Escondemos os buracos de mil maneiras, pois o mundo está cada vez mais hábil em nos oferecer esses recursos. Mas se o investimento é pequeno, certamente o retorno também será. Toda reforma malfeita, ou "jeitinho" que se dá, produz aparentes benefícios em curto prazo, mas se tornarão futuros problemas.

É provável que a maioria das pessoas que se acercam de nós não percebam nosso improviso diante da vida, assim também em nossa casa, não notam o chão esburacado coberto com tapetes. Outras, porém, mais sensíveis – verdadeiras *designers* da alma – identificam, ou pelo menos não acreditam na decoração superficialmente perfeita que fizemos.

Independente da avaliação das pessoas, certamente nós mesmos saberemos que por baixo desse (s) tapete (s) existem crateras em nossa alma, exigindo reparos, restringindo a nossa mobilidade pela casa mental, solicitando um preenchimento verdadeiro.

Interiorização

A tristeza, representada na sensação de estarmos dentro daquele buraco, para a maioria, precisa ser eliminada urgentemente. Mas, como poderemos preenchê-lo adequadamente sem a demorada e trabalhosa tarefa de identificar o estrago, sua profundidade, consequências, para daí pensar na forma de lidar com ele?

Assim fica mais fácil compreendermos que a tristeza nos conduz à interiorização, e o caminho para dentro é sem dúvida o mais seguro e estável. É a emoção que mais facilmente nos coloca em contato com o nosso mundo particular. E, se assim o faz, é porque há uma sabedoria ínsita convidando-nos à renovação.

Cultivo das Emoções

Dizemos que a tristeza é uma energia de introspecção e há uma inteligência soberana por trás disso, basta nos rendermos. Mas introspecção não quer dizer abandono. Justamente o contrário, afinal olhar para dentro é uma postura ativa, de vivência profunda, mas num papel de quem está aprendendo algo e não impondo.

Já que caímos naquele buraco, pouco menos nos custará, estando lá, analisá-lo para dimensionar as consequências do acontecimento e estudarmos o caso, do que sair apressadamente; se sempre teremos de retomar esse contato para resolver a questão.

Se a tristeza surge "... em face dos problemas e dificuldades que se apresentam na existência de todas as pessoas, como decorrência de desencantos, de choques, de insatisfações (...)"[145], então, agora, nos parece óbvio a necessidade de introspecção para realização desse cuidado interior. Afinal, como vamos lidar com esses desencantos, choques e insatisfações e não olharmos para eles?

Todos passam por situações dolorosas.

Certamente, quem mais se idealiza ou se "encanta" com os outros, mais vive desencantado. Mas, independentemente disso, todos nós vivemos em maior ou menor grau essas experiências que exigem superação, revisão conceitual e de posturas, num processo de crescimento incessante.

A tristeza, como energia de introspecção, convida-nos a permanecermos naquele buraco até conseguirmos compreendê-lo melhor, para, ao sairmos, termos ações mais adequadas frente a ele.

Cada experiência da vida produz um efeito em nós, seja algo simples como um "não" que ouvimos de alguém até uma tragédia irremediável. E todos esses eventos precisam de atenção, como um perito que analisa um acidente ou um especialista que averigua a situação para poder dar um laudo.

Precisamos ser especialistas em nós mesmos, compreendendo a dimensão das dores e estragos internos, identificando os aspectos mais dolorosos e que precisam de mais atenção, daqueles simples e facilmente superáveis.

Por isso, quando estamos tristes não temos energia para sair, ver pessoas ou nos divertir. Afinal, o convite é para dentro. E quando falamos de alguém que vive esse estado, mais produtivo será conseguir auxiliar a pessoa a analisar o buraco, às vezes, entrando junto com ela – se tivermos coragem.

Quando alguém está triste, há mais maturidade e harmonia em conseguir conversar sobre a situação e auxiliar o indivíduo a digerir aquela experiência, do que em tentar esticar os braços para arrancá-lo do buraco imediatamente.

Não precisamos nos amedrontar, pois quanto mais facilmente entrarmos em contato com essas emoções, melhor lidaremos com elas.

Jesus entristeceu.

Joanna afirma que essa emoção era-Lhe familiar, embora Ele houvesse trazido as boas-novas de alegrias para a humanidade.[146]

O momento mais conhecido desse estado de tristeza do Mestre está no Monte das Oliveiras, ou Getsêmani, quando Jesus se reservou para orar, acompanhado de três apóstolos. Mateus[XXV] faz o seguinte relato: "E, tendo levado consigo Pedro e os dois filhos de Zebedeu, começou a entristecer-se e angustiar-se. Então, lhes disse: Minha alma está cercada pela tristeza até a morte".[147]

Fascinante perceber como o Nazareno viveu a tristeza, pois, após identificá-la, soube regá-la com a oração.

Poderíamos dizer que ele não permaneceu nesse buraco sozinho. Convidou amigos especiais para que ficassem na retaguarda e vivenciou a experiência angustiosa do estado interno na companhia do Pai.

Dizemos, com isso, que não basta olhar para dentro, é preciso ter um guia – e o melhor de todos será sempre o Senhor, que sabe de nossas dores e aflições.

Jesus introspectou e buscou a Deus para compreender Seus desígnios e segui-los. Por isso, toda a sua vida pautou-se na realização da vontade divina, e no

---

[XXV] - Também descrito nos Evangelhos de Marcos 14: 32 a 42 e Lucas 22: 39 a 46, mas nesse último, não há referência ao sentimento de tristeza de Jesus.

momento mais difícil, por estar em comunhão, disse: "Meu Pai, se for possível, passa de mim esta taça; contudo, não {seja} como eu quero, mas como tu {queres}".[148]

Ajustamento

Por fazermos a interiorização, podemos adentrar a postura de ajustamento. Daniel Goleman teoriza que "... uma das principais funções da tristeza é a de proporcionar um ajustamento a uma grande perda, como a morte de alguém ou uma decepção significativa".[149]

Essa noção de ajustamento é importante para compreender a função da tristeza. Considerando o exemplo de Goleman sobre a perda de um ente querido, quando compartilhamos nossa vida com alguém, se estamos adaptados à presença da pessoa, presume-se que já dividimos responsabilidades, cuidamos e somos cuidados. As questões financeiras também precisam estar em harmonia.

Por não termos mais o cônjuge ao nosso lado, precisamos aprender a viver sem ele. A vida continua e Deus sabe o que faz. Porém, a maior e mais difícil readaptação não é a física ou a financeira, mas sim a emocional. Às circunstâncias materiais, adaptamo-nos rapidamente. Por isso, não nos parece adequado ou saudável, na tentativa de se curar a ferida, logo arrumarmos um substituto para a nossa dor, apaixonando-nos pelo primeiro que nos dê um pouco de atenção e carinho.

Fazemos parênteses para teorizar que antes de construirmos qualquer relação, deveríamos de fato aprender a viver sozinhos. Com isso, teríamos a certeza de não estarmos utilizando o outro para preenchermos nossos buracos interiores. Acreditamos que numa relação em que as pessoas não estejam juntas por dependência, carência, medo, dificuldade etc., as chances de êxito conjugal são maiores. Há quem procure um cônjuge para preencher os "buracos" da sua infância ou adolescência – e esse certamente não é o melhor caminho a ser tomado.

Se tivermos coragem de encarar a perda do cônjuge e sobrevivermos a ela, precisaremos nos adaptar às mudanças que a vida nos exige. Parece assim, que esse reajustamento nos colocará em uma situação diferente da inicial, evitando vivermos a mesma dor, do mesmo jeito.

É claro que algumas pessoas, por sua imaturidade emocional, não compreendem bem essa situação e vão para o outro extremo, acreditando que não devem mais amar ninguém, ou se dedicar aos amigos, para não viver novamente aquele tipo de dor. Isso é um grande equívoco.

A tristeza convida-nos a uma pausa para a compreensão da existência, e se conseguimos fazer silêncio interior, amadurecemos um pouco mais, realizando uma reorganização interna usufruída apenas pelos que se permitem parar e ouvir o deus interno.

A vida é rica de experiências dolorosas. Alguns não conseguem ter filhos; outros os perdem ainda pequenos; e há aqueles que sofrerão pela má conduta de seus rebentos até seus últimos dias terrenos.

As experiências materiais também afligem nossa alma. Seja através de uma doença incurável, de um roubo ou uma agressão, de uma falência milionária ou de um carro batido, podemos nos afetar significativamente, e todas essas situações exigirão um reajuste interior.

Falhamos, erramos, esquecemos, perdemos. Porém, enlouqueceremos com tudo isso, se essa energia for impulsionada pelo ego em grave estado de adoecimento, não aceitando as experiências ou recusando-se a administrá-las para melhor.

Em verdade, essas são situações que todos passamos ou poderemos passar, mas o que faremos com essas dores será um caminho único e de nossa exclusiva responsabilidade.

Faz parte do processo de compreensão da tristeza em nossas vidas entendermos que sua finalidade maior é nos conduzir para dentro e para realizarmos esse ajustamento.

No final das contas, precisamos ter a sensação de que não somos mais os mesmos, ou seja, que aprendemos algo, que nos transformamos para melhor, que crescemos com a experiência. Mais do que uma simples mudança de cargos ou funções, precisamos realizar um ajustamento emocional que se traduz pelo enobrecimento em relação à vida, a forma de encará-la e vivê-la.

CULTIVANDO A TRISTEZA

Do mesmo modo que as demais emoções que vimos até aqui, o cultivo faz-se através de duas principais ações: a poda e o alimento – adubar para o crescimento, amparar para o desenvolvimento do potencial.

A poda da tristeza é de fácil compreensão, pois está diretamente ligada ao aspecto "estragado" de uma planta. Produzimos esse estrago quando não olhamos com a atenção que ela merece e deixamos que o tóxico da vitimização a destrua.

Joanna afirma que "A tristeza sem lamentação, sem queixas, sem ressentimento, é, pois, psicoterapêutica".[150] Esse é o componente essencial para identificar quando precisamos de uma intervenção mais severa: silenciar nossas palavras e pensamentos porque adentrarmos a postura queixosa, reclamando sem o intuito de aprendizagem ou crescimento, como se Deus tivesse esquecido ou abandonado a nós.

Esse é o comportamento direcionado pelo ego adoecido. Quando agimos assim, a tristeza torna-se um movimento devastador, transforma-se em revolta, e o indivíduo se vitimiza sem igual.

O obscurecimento dado por essa postura faz com que as dores da vida sejam interpretadas única e exclusivamente pelo viés negativo, como afrontas, punições ou caprichos divinos.

O ego doente pelo excesso de si mesmo não consegue enxergar a necessidade de mudança, o aprendizado que pode tirar das situações, o reajustamento para melhor que pode fazer e, por isso, mantém-se incapaz de atribuir sentido positivo às perdas e dificuldades.

O essencial no cultivo dessa emoção é o cuidado que devemos oferecê-la para que nos ajude a cumprir com a tarefa de introspecção e de crescimento interior.

Na comparação com nosso buraco, podemos dizer que ao nos interiorizarmos, toda reflexão e aprendizado que extrairmos daquela situação dolorosa será terra fértil para seu preenchimento.

Verificamos com isso que a forma como vivemos nossas tristezas resulta em saúde ou adoecimento mental, e que os resultados positivos se dão a partir do momento que nos livrarmos do queixume para adentrarmos a reflexão profunda – cultivo que pressupõe trabalho.

Por isso, a mentora diz: "A tristeza deve ceder lugar à reflexão, ao despertamento e à valorização dos tesouros morais, culturais e espirituais".[151]

Infelizmente, escolhemos a dor como método pedagógico. Cuidamos da saúde apenas quando ela está debilitada, valorizamos o dinheiro quando ele nos faz falta e percebemos a importância de um ente querido quando ele se foi de nosso convívio direto.

Cultivo das Emoções

Cultivar a tristeza não quer dizer dar vazão a ela sem limites. É sim, dar espaço para que nos conduza a reflexões profundas e nos permita aprender mais acerca de nós mesmos e da vida, sobre o que realmente é importante e sobre a melhor forma de agirmos. Quando a tristeza é impulsionada pelo ego saudável, faz-nos enxergar a vida pelos olhos divinos da evolução infinita, e por isso sempre nos mostra algo a mais que temos de aprender.

Por ser adequadamente cultivada, enquanto energia de introspecção, a tristeza faz-nos repensar a vida e aprender com as dores que ela nos oferece.

Todas essas experiências que nos fazem sentir dentro daquele buraco são, na verdade, vivências divinas, que têm por finalidade nos tornar pessoas melhores e maduras. Ao sermos inflexíveis ou egocêntricos, tornamos essa vivência prejudicial, e aí a tristeza perde sua finalidade terapêutica.

Esse comportamento é semelhante ao jardineiro que ao perder sua florada de orquídea, vendo o caule aparentemente desprezado pela natureza, abandona o canteiro e deixa de cuidá-la. Certamente, dessa forma não obterá mais flores, jogando fora uma significativa oportunidade de florescer a alma.

Se deixarmos a orquídea sem cuidado naquele período em que não apresenta as flores, certamente ela perecerá, e diminuídas serão as possibilidades de voltar a florescer. Porém, se soubermos cultivá-la frente às suas necessidades de alimento, de iluminação, de cuidados, poderemos obter melhores e até mais bonitos resultados.

Quando somos traídos por alguém, seja em um relacionamento afetivo, amigável ou profissional, é natural ficarmos abalados, introspectivos. A emoção, então, surge como um momento de parada, propiciada pela falta de energia.

É evidente ser muito mais fácil alegar que o outro nos abandonou, que o colega nos feriu ou que o cônjuge nos magoou, do que investigarmos nossa realidade pessoal e nos transformarmos.

"O que deveria mudar? Como poderia ser melhor? O que poderia ter feito diferente? Como será daqui para frente? Qual a minha responsabilidade nisso tudo?"

Ainda não aprendemos a valorizar essa reflexão pessoal como ela merece. Não é simplesmente pensar sobre a tristeza, é olhar para ela de verdade, se aproximar, sentir, ouvir e dialogar.

Aprender, crescer e se transformar, ou regredir, destruir e se destruir, são opções ao alcance de todos.

Devemos aproveitar de tudo isso e rever conceitos, ideais, exigências, posturas, fantasias, crescendo a cada dia, a cada episódio, a cada oportunidade.

Se vivermos o processo de perda de um ente querido, avaliando as nossas pendências e aprendizagens, certamente daremos mais valor à presença dos que amamos. Identificaremos o quanto era importante em nossa vida, o quanto nos fazia bem, e isso nos proporcionará o sublime sentimento da gratidão. Talvez isso até nos estimule a uma mudança de comportamento com os demais à nossa volta, ou nos faça repensar a nossa própria impermanência.

Ao perdermos um emprego, poderemos esbravejar e tentar incriminar o mundo, ou introspectarmos e perguntarmos a Deus o que Ele quer nos ensinar com tudo isso. Certamente há muito que crescer, rever posturas, desenvolver habilidades, amadurecer emocionalmente.

E o mesmo se faz em relação às dores de uma amizade interrompida, de um projeto frustrado, de um desencanto, por nos prejudicarem ou difamarem. Precisamos transformar tudo isso em adubo para produzir a terra fértil.

E precisamos fazer isso conscientemente, pois ao nos depararmos com outro cônjuge, ou outro trabalho, não poderemos mais ser os mesmos. Precisamos dar sentido àquela perda, nos tornando melhores, não de forma artificial ou endurecida, mas interior, decorrente das reflexões e aprendizados que obtivemos. Essas são as orquídeas que o cultivo da introspecção nos proporcionará.

A orquídea é uma flor especial para simbolizar a tristeza por ser uma planta belíssima, e ao mesmo tempo, extremamente sensível. Necessita de cuidados quase que particulares, em medida exata.

Assim também é o cultivo da tristeza, necessitando nem um dia a mais nem a menos de introspecção, pois tem uma medida exata de silenciamento, de reflexão e de aprendizado. Por vezes, tombamos na responsabilização imprópria de circunstâncias que não nos dizem respeito, ou queremos mudar aquilo que não nos cabe, e não obtemos qualquer êxito. Mas, também não podemos degenerar para o outro oposto, sem reconhecer nossa parcela naquilo que vivemos, e aprender com aquelas dores.

O excesso, por qualquer uma das partes, assim também no cultivo da orquídea, resulta em perda da próxima florada.

Ao vivermos aquela dor, devemos aproveitar a experiência e fazer brotar, de um ambiente inóspito, uma linda flor. O cultivo fará resplandecer os bons sentimentos e o desejo de viver, oferecendo ao jardineiro paciente e fiel a recompensa do Pai.

TRISTEZA E DEPRESSÃO

Em certos momentos da vida temos medo de nos permitir o contato com a tristeza, com receio de abrir as portas à depressão.

Precisamos entender que a tristeza é uma emoção natural e, à medida que é cultivada adequadamente, oferece lindas flores. A depressão é patologia mental. Transtorno profundo, decorrente de inúmeros fatores que conduzem o sujeito a um desinteresse pela vida.

A depressão pode apresentar-se em forma de tristeza, mas essa é pertinaz, anulando os interesses pela permanência dos objetivos essenciais, dando lugar à melancolia que se instala, perniciosa, convertendo-se em patologia.

Claro que a depressão, assim como todas as doenças mentais, é um convite à revisão da forma como vivemos a vida, uma reflexão para novas posturas existenciais, contudo, ressaltamos que a vivência da tristeza e da depressão deve ser diferenciada.

Em **Manual diagnóstico e estatístico de transtornos mentais**, da Associação Americana de Psiquiatria, há uma importante orientação sobre a tristeza e o rebaixamento emocional decorrente do luto e da depressão. Explica que o luto é parte de uma reação à perda, ou seja, normal e esperado. Alguns indivíduos enlutados apresentam sintomas característicos de um episódio de depressão, por exemplo: sensações de tristeza e sintomas associados, tais quais: insônia, perda de apetite e perda de peso. O indivíduo enlutado tipicamente considera seu humor deprimido como "normal", embora possa buscar auxílio profissional para o alívio dos sintomas associados, tais como insônia ou anorexia. A duração e expressão do luto "normal" variam consideravelmente entre diferentes grupos culturais. O diagnóstico de psicopatologia geralmente não é dado, a menos que os sintomas ainda estejam presentes oito semanas após a perda.

Entretanto, a presença de certos sintomas não característicos de uma reação "normal" de luto é útil para diferenciá-lo do episódio depressivo, por exemplo: culpa acerca de comportamentos, e não por ações que o sobrevivente tenha realizado ou não à época do falecimento; pensamentos sobre morte, outros que não o sentimento do sobrevivente de que seria melhor estar morto ou de que deveria ter morrido com a pessoa falecida; preocupação mórbida com inutilidades; retardo psicomotor acentuado; prejuízo funcional prolongado e acentuado; experiências alucinatórias outras que não o fato de achar que ouve a voz ou vê temporariamente a imagem da pessoa falecida.

É possível diferenciar, independentemente do tempo, a postura singela e flexível da tristeza, que produz introspecção e certo fechamento necessários, do processo de reajustamento, da recusa, da revolta, do desgaste, do fechamento isolacionista e do endurecimento característicos da depressão.

Usando a metáfora do buraco, poderíamos dizer que na tristeza surge a escavadeira da vida, retira aquela parte de nós, caímos no buraco e já nos levantamos para decidir o que fazer com ele. Porém, quando estamos nos referindo à depressão, é como se desejássemos ficar lá dentro, sem o desejo de sair e encarar a vida, muito menos, de refletir sobre o que faremos com aquela situação.

Como forma de nos auxiliar a identificar a depressão, Joanna nos alerta com palavras diretas:

> Quando pensamentos insidiosos e insistentes predominarem em tuas paisagens mentais, convidando-te à fuga dos relacionamentos, dos compromissos de qualquer ordem, vigia e age, porque estás sob as garras perversas do transtorno perigoso. Ele pode apresentar-se também através de episódios de insônia, de irritabilidade, de insatisfação, não apenas de melancolia e perda da autoestima, porém de cansaço prolongado e sem gênese em que se fundamente.[152]

Goleman nos alerta que uma imersão passiva na tristeza apenas piora a situação. Existem pessoas depressivas que justificam "o estar tentando compreender" bem mais a si mesmas, quando estão apenas alimentando o sentimento de tristeza, sem tomar nenhuma medida que possa de fato tirá-las desse estado patológico.[153]

"O luto é útil; a depressão total, não".[154] Nas grandes depressões a vida é paralisada e, consequentemente, parece impossível visualizar um recomeço. Os sintomas da depressão revelam uma vida suspensa.

A tristeza tem um sentido de interiorização. Proporciona gentilmente a transformação e nos conduz a esse estado de maneira leve e silenciosa. Quando assim não a percebemos, quando não a vivenciamos de maneira saudável, positiva e transformadora, corremos o risco de sermos solapados pela depressão que se apresenta muitas vezes de forma impositiva, dolorosa e inadiável, embora em outras circunstâncias possa aparecer sorrateira e sutil, até possuir o indivíduo como um todo.

Em geral, os principais autores espiritistas e materialistas são categóricos ao apontar o caráter pandêmico desse transtorno mental, que atinge os mais variados tipos de pessoas, independente de gênero, raça, credo, posição econômica ou cultural, e arrasta multidões ao terrível distúrbio comportamental.

O termo "depressão" tornou-se tão difundido que as pessoas o confundem com tristeza. Em vez de dizerem que acordaram tristes, afirmam estarem deprimidas – o que não é verdade, nas situações que logo se modificam, como uma leve baixa do estado de humor, passageira, transitória.

A depressão é definida por Galimberti como "... uma alteração do tônus do humor para formas de tristeza profunda com redução da autoestima e necessidade de autopunição".[155]

Trata-se de uma tristeza profunda e persistente, sendo fácil detectá-la no comportamento e no sentimento, e por isso não deve ser banalizada enquanto um termo cotidiano.

É importante atentarmos ao diagnóstico, pois os dados estatísticos são assombrosos. Os estudos sobre a prevalência da depressão (chamada tecnicamente de transtorno depressivo maior) relatam valores de grande variação para a população adulta, mas o risco de acometimento em amostras comunitárias tem variado de 5 a 12% para os homens e de 10 a 25% para as mulheres.[156]

O número de episódios anteriores prediz a probabilidade de se desenvolver um episódio depressivo maior subsequente. Aproximadamente 50% a 60% dos indivíduos com transtorno depressivo maior, episódio único, têm um segundo episódio. Os indivíduos com dois episódios têm probabilidade de 70% de ter um terceiro, e indivíduos que tiveram três episódios, têm probabilidade de 90% de apresentar um quarto episódio. Cerca de 5% a 10% dos indivíduos com transtorno depressivo maior, episódio único, desenvolvem, subsequentemente, um episódio maníaco (transtorno bipolar I).

Diagnóstico da depressão

Embora os diagnósticos de transtornos mentais sejam muito mais complexos do que aparentam em questionários acessíveis à comunidade leiga, tentaremos explicitar alguns fatores que são considerados por um profissional da saúde mental para o diagnóstico de um episódio depressivo maior.

Na depressão existe um eixo central estabelecido pelo rebaixamento do humor e pela perda de interesse ou prazer. Em crianças ou adolescentes, o principal sintoma é o humor irritável em vez de triste. Além disso, existem vários outros critérios menores que são levados em consideração: alteração no apetite ou peso, sono e atividade psicomotora; diminuição de energia; sentimentos de desvalia ou culpa; dificuldade de raciocínio, de concentração ou de tomada de decisões; pensamentos recorrentes sobre morte ou ideação suicida, planos ou tentativas de suicídio.[XXVI]

Esses manuais de diagnóstico ainda explicitam que, a fim de ser contabilizado para um episódio depressivo maior, um sintoma deve ser recente ou então apresentar piora significativa, em comparação com o

---

[XXVI] - Esses dados foram retirados do *CID-10* e do *DSM-IV-TR* que são instrumentos utilizados pelos profissionais da saúde para fazer diagnósticos. Foram aqui apresentados a título de orientação a respeito da amplitude do diagnóstico e das diferentes variações sintomatológicas, porém, este texto e nenhum outro devem ser usados para diagnóstico sem a avaliação de um profissional especializado.

estado pré-episódico. Os sintomas devem persistir a maior parte do dia, praticamente todos os dias e por, pelo menos, duas semanas consecutivas. O episódio é acompanhado por sofrimento ou prejuízo clinicamente significativo no funcionamento social, profissional ou de outras áreas importantes da vida do indivíduo. Para algumas pessoas com episódios mais leves, o funcionamento parece normal, mas exige esforço acentuadamente aumentado.

Assim, classificam-se diferentes níveis de gravidade da depressão, expressos em quatro graus, em que o paciente vive de maneira diferente o estado depressivo. É importante saber disso, posto que muitas pessoas tenham melhores prognósticos quando procuram ajuda especializada antes do caso se agravar:

a) *Leve:* Geralmente estão presentes dois ou três dos sintomas para o diagnóstico de episódio depressivo. O paciente usualmente sofre com a presença desses sintomas, mas provavelmente é capaz de desempenhar a maior parte das atividades.

b) *Moderado:* Geralmente estão presentes quatro ou mais dos sintomas para o diagnóstico de episódio depressivo, e o paciente aparentemente tem muita dificuldade para continuar a desempenhar as atividades de rotina.

c) *Grave sem sintomas psicóticos:* Episódio depressivo em que vários sintomas são marcantes e angustiantes, tipicamente a perda da autoestima e ideias de desvalia ou culpa. As ideias e os atos suicidas são comuns e observa-se, em geral, uma série de sintomas somáticos.

d) *Grave com sintomas psicóticos*: Apresentação clínica do episódio depressivo grave, acompanhada de alucinações, ideias delirantes, de uma lentidão psicomotora ou de estupor de uma gravidade tal que todas as atividades sociais normais tornam-se impossíveis; existe o risco de morte por suicídio, desidratação ou desnutrição.

Causas da depressão

A depressão é um transtorno grave e deveras complexo não apenas pelo número surpreendente de pessoas adoecidas que vivem a destruição (emocional ou literal) de suas vidas, mas principalmente pela imprecisão da sua causa.

Joanna afirma:

> A depressão pode ser resultado de fatores hereditários, como de ocorrências psicossociais e econômicas, de ansiedade e estresse, de culpa atual ou anterior, de conflitos e receios reais ou infundados, como também no caso de enfermidades graves produzindo disfunções cerebrais, nas suas áreas nobres, que resultam em perturbação das neurotransmissões.[157]

Cultivo das Emoções

No primeiro livro de sua trilogia[XXVII] a mentora reporta-se a quatro grandes causas da depressão, estabelecendo por preponderante as heranças das reencarnações passadas. Acrescenta os fatores sociopsicológicos estabelecidos a partir do imediatismo como medida salvacionista do caos interior, perdido nos jogos dos interesses materiais, em que o ser humano busca sensações fortes do dia a dia, soterrando-se sob força dos desejos primários que o vêm conduzindo pelo amplo período de evolução. Como outros fatores, cita a perda de sentido existencial, a ausência de segurança nos padrões nobres das tradições de beleza e de objetivos dignificantes, a falta de convivência saudável com o próximo, em razão do medo de ser traído, abandonado, explorado ou simplesmente ignorado quando as suas necessidades se impuserem à amizade e ao afeto. E, por fim, é preciso levar em consideração as paisagens ancestrais da hereditariedade, das enfermidades infectocontagiosas, dos traumas da infância, dos distúrbios orgânicos, bem como o desequilíbrio das funções tireoidianas, as mudanças orgânicas pela menopausa e pela andropausa, o câncer, doenças degenerativas, o abuso do álcool, as doenças cardiovasculares, a idade avançada, todos contribuindo de maneira vigorosa para a presença da depressão.[158]

[XXVII] - A trilogia é composta dos seguintes livros: *Entrega-te a Deus* (2010), *Liberta-te do mal* (2011) e *Ilumina-te* (2013). Nelas, Joanna de Ângelis analisa a condição atual do nosso planeta e nos orienta em passos seguros rumo ao equilíbrio interior.

Em **Triunfo pessoal**[159] a mentora explica, entre outros motivos, que os choques como acidentes, agressões perversas, traumatismos cranianos, contribuem para o surgimento do transtorno da afetividade, por influenciarem os neurônios.

Como já consideramos, Joanna concorda com a classificação das causas da depressão sendo de natureza exógena e endógena, porém, explicita a necessidade de considerar a preponderância das heranças das reencarnações transatas.[160] E afirma em outra obra, categoricamente, que mesmo considerando os demais fatores, "É o Espírito o desencadeador do transtorno martirizante".[161]

Isso quer dizer que embora possamos considerar os diferentes fatores desencadeadores do quadro depressivo, a forma como o sujeito lida com as experiências que a vida lhe apresenta definirá o processo do adoecer. Afinal, verificamos inúmeras pessoas que atravessam as diferentes causas citadas nos vários estudos epidemiológicos e não desenvolvem o transtorno, enquanto outras, mesmo distantes desses sérios fatores, vivem o quadro patológico.

Esse delineamento da depressão nos remete ao ego adoecido, e nos induz às reflexões mais profundas sobre o tratamento paliativo, efetivo ou não. Afinal, se o sucesso do tratamento decorre, na maioria das vezes, da forma como enfrentamos a vida, todos os casos que evoluírem apenas com modificações externas ou puramente medicamentosas, sem aquiescência e transformação da alma, tendem à reincidência.

Além de tudo isso, ainda há que considerar as influências obsessivas, por também desencadearem o processo depressivo, abrindo espaço para o suicídio, ou alienando o sujeito em transtorno psicótico, direcionando-o para a etapa trágica da autodestruição. Essa problemática obsessiva merece estudo específico devido à sua complexidade.

Compreendendo a depressão

Vemos diferentes interpretações a respeito da depressão. São divergências de acordo com as teorias que compreendem o ser humano. Como a abordagem da Psicologia Espírita considera o Espírito adoecido sendo o principal fator desse distúrbio, destinamos algumas linhas a mais à compreensão desse fator, abordando as posturas psicológicas que resultam em transtorno mental.

Entendemos a tristeza como um chamado para dentro. Quando o ego assim se dispõe, a vivência constitui valiosa oportunidade de autorreflexão e despertamento. Porém, quando há recusa a esse processo, fugindo de se conhecer, o próprio psiquismo reprova essa atitude e investe contra ele, intentando a mudança de conduta.

À medida que esse ego não aceita ou não compreende o convite que a emoção lhe faz e o sentido dela em sua vida, a tristeza torna-se aparentemente destrutiva pelo enfrentamento que impõe. E o ego adoecido, crendo-se acima do bem e do mal, por não saber como lidar com a experiência, fecha-se ou estagna-se, endurecendo emocionalmente em apatia, revolta silenciosa ou rebeldia declarada.

Essa situação é semelhante ao jardineiro que abandonou seu canteiro por não conseguir lidar com a frustração de perder uma florada. E, com o passar do tempo, os insetos e as ervas daninhas tomarão conta não só dos canteiros, mas de todo o jardim.

Retomando as causas apresentadas na obra **Triunfo pessoal**, a mentora esclarece:

> Predomina no *Self* um conflito resultante da frustração de desejos não realizados, nos quais impulsos agressivos se rebelaram ferindo as estruturas do ego que imerge em surda revolta, silenciando os anseios e ignorando a realidade.[162]

Essa postura é traduzida pelo comportamento infantilizado que expressamos em palavras mudas: "Se não for do jeito que eu quero, então eu não quero nada". O principal problema de "eu não querer" é que sou o maior prejudicado, e a recusa não eliminará minha dor. A vida continua, as pessoas constroem as suas felicidades, e nós ficamos estagnados, revoltados, porque o mundo não se submeteu aos nossos desejos.

O aprisionamento do *Self* se dá por comportamentos em que o ego se mantém preso às circunstâncias externas da vida, adoecido por se colocar no centro de tudo e acreditar que a vida é exclusivamente fonte de prazeres e encantos, constrangendo a instância divina e impedindo sua livre expressão, porque a vida não se submeteu aos seus desejos.

As pessoas descrentes de Deus geralmente se encontram nessa situação. Afinal, a fé é algo inata, ínsita no ser humano por reconhecer intimamente sua criação. Contudo, quando não nos sentimos atendidos em nossos desejos, ou seja, quando Deus não se submete à nossa vontade egocêntrica, deixamos de crer nEle.

> Há depressão quando o *Self*, em fixação no conjunto celular, experienciou a amargura da mãe que não desejava o filho, do pai violento, dos familiares irresponsáveis, das pelejas domésticas, da insegurança no processo de gestação (...).[163]

Embora as circunstâncias sejam dolorosas, sabemos que o comportamento de revolta ou de aprendizagem tem sua nascente na alma do indivíduo. Caso contrário, todos que vivessem experiências difíceis na infância desenvolveriam quadros depressivos, o que não é verdade. Essa postura pode ser traduzida como uma rejeição à vida, uma atitude egoicamente doente, acreditando-se acima dos demais e, por isso, merecedor de facilidades, benefícios e privilégios, fazendo com que degeneremos o intercâmbio entre ego e *Self*, donde o indivíduo "(...) perde o direcionamento de suas aspirações e entrega-se às injunções conflitivas, tombando, não poucas vezes, no transtorno depressivo".[164]

Se assim não fosse, pessoas iluminadas, como Francisco Cândido Xavier, que viveram muitas experiências tristes, obrigatoriamente teriam desenvolvido transtornos de humor, o que não aconteceu.

Joanna[165] revela que os casos se agravam quando o indivíduo atinge uma idade aproximada de 35 a 40 anos – momento em que as pessoas têm a sensação de fracasso. São tomadas, então, por um sentimento de impotência, que muitas vezes foi originado em agressões ou rejeições infantis por parte dos pais, criando uma negação ao corpo, ao prazer e a si mesmo.

Acrescentamos à culpa, quando ela diz:

> A depressão é doença da alma, que se sente culpada, e, não poucas vezes, carrega esse sentimento no inconsciente, em decorrência de comportamentos infelizes praticados na esteira das reencarnações, devendo, em consequência, ser tratada no cerne da sua origem.[166]

A culpa é responsável por devastar muitas vidas. Precisamos aprender a transformá-la em responsabilidade, e saindo da estagnação destrutiva, vivermos cada vez melhor.

Retomando a analogia com os buracos em nossa alma, dissemos que na tristeza caímos no buraco, e estando lá precisamos analisá-lo, identificar os estragos e prejuízos, compreender a situação interna, para, no tempo certo, nos levantarmos e decidirmos o que faremos com ele: preenchê-lo com solo fértil ou camuflá-lo com exterioridades. Quando deprimimos, caímos no buraco e por todos esses sentimentos de revolta, de culpa, não queremos reflexionar, apenas ficar ali dentro, em silêncio.

Há um medo de sair e sofrer novamente dor semelhante, ou receio de não conseguir mudar a situação, ou por revolta surda, não querer aceitar o que a vida lhe ofereceu. Parece uma tentativa (frustrada, é claro) de se proteger do mundo, de não sofrer mais.

É um estado de adoecimento da alma, pois a vida é movimento, crescimento e aprendizagem. Permite-nos paradas para reflexão, reabastecimento, para continuarmos de onde paramos, com vistas ao melhor. À medida que o sujeito se recusa a continuar, está doente, e como o fluxo de água que agride a barragem, as energias se turvarão dentro do próprio sujeito que desejar impor tal conduta alheia à natureza.

Passamos por uma situação difícil no casamento e dizemos que jamais nos relacionaremos novamente. Vivemos a morte de um ente querido e afirmamos que não amaremos como antes. Somos traídos por um amigo e concluímos que amizade não existe. Esses comportamentos revelam nossa revolta contra a vida e contra Deus, como se ele não soubesse aquilo que precisamos ou não passar. E por acharmos inadmissível, vociferamos intimamente e inconscientemente: "A partir de agora, já que as coisas não saíram do meu jeito, não viverei mais!"

Não recriminamos a pessoa que vive a depressão, mas elucidamos que os casos mais difíceis de serem trabalhados são estes resultantes da revolta.

Com isso, podemos perceber que a depressão não está diretamente ligada à quantidade de tristezas que tivemos em nossas vidas, mas sim, à postura que temos frente a elas.

É preciso analisar que, nos quadros de tristeza, a quantidade de buracos que temos e não preenchemos vai gerando uma falta de liberdade para transitarmos dentro de nós mesmos. Afinal, sabemos que ali é um lugar frágil, acolá também e, aos poucos, nos sentimos encarcerados em nós mesmos. Mas isso não configura, definitivamente, um quadro de depressão.

Esse encarceramento íntimo se verifica quando fugimos de amigos, ou nós nos restringimos ao mínimo possível, para evitarmos sofrer novamente uma decepção como vivemos da amizade anterior. Ou quando evitamos o envolvimento afetivo por sermos incapazes de nos entregar verdadeiramente a um amor, pelo receio de arriscar e sofrer novamente.

Parece que vamos endurecendo, ficando descrentes, abandonando nossos desejos por não sabermos lidar com as dores que a vida nos apresentou. Essas são situações que revelam os buracos não preenchidos dentro de nós, resultando em possibilidades internas cada vez mais restritas, emocionalmente falando. Tornamo-nos dessa forma apáticos e, pouco a pouco, deixamos de admirar a beleza da vida.

Assim, adentramos uma vida distímica, na qual se chover reclamamos, mas se fizer sol também estamos insatisfeitos. Se tiver pouca gente, queixamos da solidão, mas se tiver muitas pessoas nos perturbamos com a aglomeração... E assim, muitos transitam pela vida, acreditando que essa postura cinzenta será melhor, incapazes de usufruir das bênçãos da vida por não acreditarem na força maior que nos rege.

Terapêutica da depressão

Se o sujeito é incapaz de cultivar a tristeza do jeito que ela merece, a depressão o obriga a ir ao encontro interior de maneira drástica.

Como já vimos, em relação ao inconsciente, a depressão ou os sintomas psíquicos em geral são expressões do desejo de cura e de autorrealização. Por isso, precisamos compreender o significado dos sintomas em nossas vidas, justamente por terem um propósito em nós.

Iris Sinoti afirma:

> A tarefa que precisa ser realizada, invariavelmente, envolve um novo nível de responsabilidade, um encontro real com a sombra, um aprofunda-

mento da jornada em direção a lugares novos e até então inexplorados. O depressivo deve buscar forças para não permanecer prisioneiro do passado, mas com ele aprender para não repetir os mesmos erros no presente.[167]

Dessa forma, delineamos que a ausência de energia e o desinteresse pela vida, em determinado momento, poderá ter um grande efeito terapêutico se soubermos aproveitar as experiências para a revisão de condutas. Por isso, Iris expõe que "... o grande valor da depressão está em perceber que esse movimento de regressão da energia da psique está a serviço do Eu, assim como o sono serve de equilíbrio para o corpo".[168]

A depressão é a convocação forçada do psiquismo para não fugirmos mais de nós mesmos. É um sinal de alerta, uma exigência para rever a autoimagem, posturas, condutas, fantasias e desejos.

Fica evidente que não se resolve o problema simplesmente levando o depressivo para sair, obrigando-o a passear, ou exigindo que faça uso da vontade, cuja falta justamente é um dos sintomas da doença. Se a vontade é uma das áreas afetadas, precisamos auxiliar nos fatores que estejam acarretando a perda da vontade e não exigir uma solução mágica.

Como dissemos, a depressão é o fim da linha de fuga para o autoencontro e a revisão de posturas em relação a si mesmo, à vida e aos outros. Então, quando assistirmos um ente querido nesse estado, cabe-nos estimulá-lo ao autodescobrimento, ao descobrimento da sua realidade maior.

A terapêutica proposta pela Psicologia Espírita passa pela valorização de si mesmo e pelo reconhecimento da imortalidade. Do destino à perfeição, em processo de aprendizagem e crescimento, por meio das dores do mundo.

Acreditamos que essa compreensão seja fundamental para que, ao percebermos nossa recusa em viver, tenhamos em vista dois caminhos: iniciarmos a construção da vida desejada, ou seja, modificarmos posturas, pensamentos, relações, formas de nos relacionar com as pessoas e o mundo, ou, caso não seja possível qualquer tipo de mudança, como a morte de um ente querido, que a mudança seja em aceitar de coração, aberto à vida, o que Deus nos concedeu – afinal, ele é nosso Pai, justo e bom. Não é somente bom, senão seria permissivo. E nem apenas justo, pois seria punitivo. Ele é justo e bom, ao mesmo tempo, oferecendo-nos tudo que precisamos para crescer e nos desenvolver moralmente – objetivo da reencarnação.

Em algum momento, precisamos realmente aprender que a maioria das situações não é do nosso jeito, e outras, precisaremos construir e investir para que saiam do modo esperado. Mas, se recusar a viver é negar a Deus.

Tendo isso em mente, podemos/devemos assumir posturas profiláticas, ou seja, que nos mantenham harmonizados internamente para diminuir o risco de cairmos nas malhas da depressão, frente às dores da vida.

Nesse intuito, Joanna informa:

> Em razão do largo processo da evolução, todos os seres conduzem reminiscências que necessitam ser trabalhadas incessantemente, libertando-se daquelas que se apresentam como melancolia, insegurança e receios infundados, desestabilizando-o. Ao mesmo tempo, estimulando-se a novas conquistas enfrentando as dificuldades que o promovem quando vencidas, descobre todo o potencial de valores de que é portador e que necessitam ser despertados para as vivências enriquecedoras.[169]

A mentora ainda recomenda o hábito saudável da boa leitura, da oração em convivência e sintonia com o Psiquismo Divino, dos atos de beneficência e de amor, do relacionamento fraternal e da conversação edificante como psicoterapia profilática.

Além disso, como terapia profilática, ela estimula a identificação dos nossos sentimentos para sabermos exteriorizá-los com frequência e naturalidade em relação aos que fazem parte de nossa vida afetiva.

Desperdiçamos muitas oportunidades de expressar aos nossos familiares e amigos o quanto os amamos, o quanto são importantes para nós e o signifi-

Cultivo das Emoções

cado que têm em nossas vidas. Como nos mantemos na superficialidade emocional, exigimos sermos amados na esperança de nos sentirmos melhores, sem entender que a cobrança que nossa alma nos faz é para amarmos, para nos doarmos, para sermos importantes na vida dos outros antes mesmo que sejam em nossas vidas.

Ela nos diz:

> Nunca, pois, devem postergar essas saudáveis e verdadeiras manifestações da afetividade, a fim de serem evitados futuros transtornos de comportamento, quando a culpa pretenda instalar-se em forma de arrependimento pelo não dito, pelo não feito, mas sobretudo pelo mal que foi dito, pela atitude infeliz do momento perturbador...[170]

Em casos de pessoas que carregam graves procedimentos negativos, de experiências remotas ou próximas, que se fixaram no *Self*, "... uma catarse bem orientada eliminará da consciência a culpa e abrirá espaços para a instalação do otimismo, da autoestima, graças aos quais os valores reais do ser emergem, convidando-o à valorização de si mesmo".[171]

As técnicas cognitivas de mudança dos padrões de pensamento têm grande importância se forem vistas como acréscimo à busca interior. Sabemos que espíritos infelizes se coadunam ao sentimento deprimente. Aprendemos que mudar os pensamentos tem grande eficácia na desvinculação de mentes perturbadas. Contudo, o simples desejo de mudança dos pensamentos, sem um aprofundamento a respeito da nascente dos conflitos, jamais proporcionará resultados positivos e duradouros.

Igualmente, além desses elementos e, acima deles, está a busca pela vivência com Deus, em relação íntima com o Criador, buscando compreender os seus desígnios para nós, e aceitando que acima de nossa vontade reina a Dele, que é soberanamente justo e bom.

A depressão é uma patologia mental que não deve ser alimentada, muito menos estimulada. Entretanto, se soubermos vivenciá-la e compreender seu sentido, essa dor existencial transformar-se-á em adubo vigoroso, e nossa vida em um belo jardim florido e perfumado.

CAPÍTULO SETE

A ALEGRIA

A ALEGRIA

A alegria é considerada uma emoção positiva por ser agradável, quando expressa verdadeiramente o estado da alma. É uma viva satisfação, um vivo contentamento. É sinônimo de regozijo, júbilo ou prazer.[172]

Comparada às estações do ano, a alegria seria a primavera. Estado de florescimento de muitas espécies, momento em que a natureza se torna mais bela, colorida e perfumada. Por isso mesmo, é o período de reprodução para muitos tipos de plantas, significando abertura, fertilidade, disponibilidade.

Joanna de Ângelis diz:

> A alegria é a mensagem mais imediata que caracteriza um ser saudável. Quando se instala, todo o indivíduo se expressa num fluxo de energia que o domina, que se movimenta dos pés à cabeça e dela à planta dos pés. Há um **continuum** de vitalidade que irriga todo o corpo, demonstrando que se está vivo, sem áreas mortas nem constrangimentos psicológicos inquietadores.[173]

Na perspectiva do cultivo das emoções simbolizamos a alegria com o girassol *(Helianthus annuus)*. São lindas flores com aproximadamente 30 centímetros de diâmetro e hastes de até 3 metros, com um comportamento vegetal chamado de heliotropismo, ou seja, o seu caule se movimenta de modo que a flor acompanhe a trajetória do Sol – do nascente ao poente.

"A alegria é a presença de Deus no coração do ser humano, cantando, sem palavras, melodias de perenidade, mesmo que de breves durações".[174] Como toda emoção, ela é passageira e deixa uma sensação de bem-estar, alívio e leveza em quem a viveu. Aquece a alma e estimula o ser a continuar sua caminhada, mesmo em meio a certas dores e percalços passageiros.

Também é definida por *festa, divertimento, folguedo.*[175] Talvez por esse motivo não seja tão apreciada em alguns meios religiosos. Muitos confundem seriedade com sisudez, comprometimento com ausência de alegria e espiritualidade com fechamento. E no outro extremo temos a euforia, estado exagerado de alegria, ou falsa alegria, beirando o destrambelhamento da alma.

Daniel Goleman[176] estabelece que, quando sentimos a sensação de felicidade, vivenciamos uma das principais alterações biológicas. A atividade do centro cerebral é incrementada, o que inibe sentimentos negativos e favorece o aumento de energia existente, silenciando aqueles que geram preocupação. Mas não há mudanças particulares na fisiologia, a não ser uma tranquilidade que faz com que o corpo se recupere rapidamente do estímulo causado por emoções perturbadoras. Essa configuração dá um total relaxamento. Proporciona disposição e entusiasmo para a execução de qualquer tarefa, mesmo direcionada a uma grande variedade de metas.

O mesmo autor classifica a alegria na família do prazer. Ao lado dela encontram-se: felicidade, alívio, contentamento, deleite, diversão, orgulho, prazer sensual, arrebatamento, gratificação, satisfação, bom humor, êxtase e, no extremo, está o comportamento maníaco.

Paul Ekman informa que ainda não sabemos muito a respeito das emoções agradáveis, pois quase todas as pesquisas dedicadas às emoções enfocaram principalmente as perturbadoras. A atenção está concentrada nas que causam problemas a nós e aos outros. Por isso, sabemos mais a respeito do distúrbio do que de saúde mental.[177]

Na sua obra não há um estudo específico sobre a alegria. As poucas palavras do autor em relação a esse tema se referem às emoções agradáveis de modo geral, utilizando-se inclusive de termos de diferentes idiomas para contemplar os estados agradáveis de alma. Estabelece, assim, os prazeres sensoriais, a diversão, o contentamento, o entusiasmo, o alívio, o assombro, o êxtase, o *fiero*[XXVIII], o *naches*[XXIX], a elevação, a gratidão e a *schadenfreude*.[XXX]

[XXVIII] - O autor afirma que *fiero* é um termo italiano, sem nome em inglês, que significa a superação com louvor de um enfrentamento, é muito mais que satisfação, é uma espécie de orgulho.
[XXIX] - O autor afirma que em iídiche (língua germânica das comunidades judaicas da Europa Central e Oriental) naches é o arrebatamento de prazer somado ao orgulho que somente um filho pode dar a seus pais. Outra palavra semelhante é kvell, definida como mostrar-se radiante, com imenso orgulho e prazer, em geral a respeito da conquista de um filho ou neto.
[XXX] - O autor afirma que *schadenfreude* é uma palavra em alemão que traduz a sensação que vivemos ao saber que nosso pior inimigo sofreu algo.

SENTINDO A ALEGRIA

Por ser uma emoção, como todas as outras, a alegria também tem caráter transitório.

Viver com alegria não impede os episódios de reflexão pela dor, nem de espera pela saúde, não nos imuniza contra certas enfermidades, embora contribua para o equilíbrio orgânico. É possível senti-la e sofrer momentos de angústia ou inquietações, pois são fenômenos que fazem parte da vida humana.

Essa emoção, segundo Joanna de Ângelis, proporciona ao cérebro enzimas especiais que decorrem de fatores imunizantes e propiciam o constante equilíbrio orgânico. Os estudos da psiconeuroimunologia demonstram que o estado de saúde é conquista individual do ser que decide pela renovação íntima e pela crença em si mesmo.[178]

Passamos muito tempo de nossas vidas buscando momentos que nos proporcionem alegria. Tentamos criar situações especiais na alimentação, nas compras ou nas companhias, sem compreender que essa emoção, por ser um estado da alma, está relacionada mais com a postura diante da vida do que com os acontecimentos.

Não há o que nos deixe alegres quando estamos fechados para essa emoção. Os possíveis eventos capazes de nos alegrar podem tornar-se motivo de irritação quando estamos indispostos.

Joanna nos ensina:

> A alegria estruge diante das ocorrências simples e descomprometidas, tais uma pequena jornada que se realiza caminhando descalço, sentindo as folhas e a terra gentil sob os pés, experimentando o contato com a natureza pulsante de vida. Noutras vezes, surge, quando se rompe a masmorra dos limites e se espraiam os olhos por sobre o mar, viajando sem medo pela imaginação; ou se apresenta quando tem início a Alva colorindo a Terra e vencendo a sombra, em mensagem de vitalidade, de despertar; ou se manifesta no momento em que se estão plantando sementes após o amanho do solo...[179]

Basta observarmos as crianças em efusão de alegria por quimeras para verificarmos que ao nos inserirmos no "mundo adulto", perdemos a capacidade de nos alegrar com as pequenas coisas.

Na obra **Vitória sobre a depressão**, a mentora reforça que "A alegria não é encontrada em mercados ou farmácias, mas nos recônditos do coração que sente e ama".[180]

Justificamos a ausência desse estado pelos problemas e atribulações que as crianças não têm, sem compreendermos que não são as situações que eliminam a alegria de nossa alma, mas sim, a falta de confiança que permitimos predominar em nosso ser.

Quando nos perturbamos pelo amanhã, tornamo-nos incapazes de contemplar o voo perfeito dos pássaros ou as brincadeiras dos pequenos animais.

Aguardamos momentos de alegria que nunca chegam. Apostamos nossas fichas no final de semana ou nas férias, sem identificarmos que a verdadeira felicidade vem de dentro. Dessa forma, quando esses dias esporádicos chegam, vivemos diferentes sensações, mas no final das contas, por não sabermos viver a alegria verdadeira, terminamos novamente cansados ou estressados, vazios interiormente. Apenas distraídos!

COMPREENDENDO A ALEGRIA

Entender e aceitar o estado transitório desta emoção é fundamental para não nos impormos à necessidade de uma alegria constante, em uma conduta vazia e superficial, não condizente com a realidade emocional.

> A sociedade contemporânea estabeleceu que a alegria deve ser um estado constante de todos os indivíduos, significando êxito, realização nos relacionamentos, triunfo social e econômico, conquista de posição relevante. Em consequência, há um estereótipo representado de alegria, mesmo quando o coração chora e o espírito se debate em conflitos e dores não exteriorizadas.[181]

Quando o ego se vê na obrigatoriedade de externar alegria para manter as aparências e não se sentir diminuído, forja estados de alma que mais nos atormentam do que verdadeiramente nos alegram.

Em vez de cultivarmos o girassol, compramos um de plástico, ou até uma gravura, fingindo resultados que não condizem com a realidade – aí está a nossa atitude adoecida.

A alegria não surge do atendimento às formalidades do mundo, com regras criadas para agradar ao *ego* narcisista. Pelo contrário, por ser em muitas situações um descaso com esse jardim interior, perdemos a alegria de viver. E na mesma proporção em que nos impomos esse fardo, também o fazemos com quem está à nossa volta, abafando bons sentimentos em busca da satisfação aparente.

Já comentamos acerca da conduta de exposição que vivemos, principalmente por meio das redes sociais, em que a maioria se obriga a apresentar uma expressão de contentamento que nem sempre é verdadeira. Essa atitude produz um efeito dominó nos incautos. Por acreditarem que apenas eles não estão verdadeiramente felizes, ao verem os outros nessas máscaras, obrigam-se a exprimir uma falsa alegria que desencadeia a mesma sensação em outros, num movimento de contágio desmedido e de cultivo da aparência, que produz dor e mal-estar geral.

O girassol artificial não expressa a beleza da flor verdadeira. Isso produz ampliação do vazio interior, por nos impormos uma aparente alegria. A planta artificial não se move com a luz do Sol; por mais bela que tente aparentar, com o passar do tempo fica opaca e envelhecida, além de se manter para sempre estéril.

O culto da aparência incita-nos a forjarmos uma emoção falsa, sem substrato profundo. Esse é o primeiro passo no ensaio para o episódio da euforia, que desencadeará o transtorno bipolar.

ALEGRIA X EUFORIA

No Código internacional de doenças, temos um transtorno mental – a hipomania – caracterizado pela "... elevação leve e persistente do humor, aumento de energia e da atividade (por pelo menos vários dias continuamente) e, usualmente, sentimentos marcantes de bem-estar e de eficiência, tanto física quanto mental". É uma patologia mental que tem "... sociabilidade aumentada, loquacidade, familiaridade excessiva, aumento da energia sexual e diminuição da necessidade de sono". Estes sintomas não são, entretanto, tão graves de modo a entravar o funcionamento profissional ou levar a uma rejeição social. Porém, são condutas que não condizem com a realidade psicológica do indivíduo, forjando para si mesmo e para o mundo um estado de falso contentamento, ou de alegria patológica. Existem também "... irritabilidade, comportamento presunçoso e grosseiro".[182]

Além desse estado, existe a mania, definida como

> A presença de uma elevação do humor fora de proporção com a situação do sujeito, podendo variar de uma jovialidade descuidada a uma agitação praticamente incontrolável. Esta elevação

se acompanha de um aumento da energia, levando à hiperatividade, um desejo de falar e uma redução da necessidade de sono. A atenção não pode ser mantida, e existe frequentemente uma grande distração. O sujeito apresenta frequentemente um aumento da autoestima com ideias de grandeza e superestimativa de suas capacidades. A perda das inibições sociais pode levar a condutas imprudentes, irrazoáveis, inapropriadas ou deslocadas.[183]

São estados complexos, porque o sujeito acometido por tais alterações de humor sente-as por algo positivo e não crê necessitar de tratamento. Dificilmente, tem a crítica a respeito de seu verdadeiro estado interior.

Em **Amor, imbatível amor**, a mentora aborda a questão dos transtornos de humor e diz que no excesso de humor, ou seja,

> Na euforia perde-se neste estado o contorno do que é real e passa-se ao exagero, tornando-se irresponsável em relação aos próprios atos, já que tudo entende como de fácil manejo e definição. Em tal situação, quando irrompe a doença, há uma excitação que conduz o paciente às compras, à agitação, à insônia, com dificuldades de concentração.[184]

Cultivo das Emoções

Essa situação exige um acompanhamento dos profissionais da saúde mental, não apenas da intervenção na crise. É preciso auxiliar o sujeito a lidar com a sua vida emocional, com os desafios do cotidiano para que consiga conduzir seus passos em resvalar para os extremos, abeirando a depressão ou a euforia.

A dificuldade do ego em lidar com a tristeza e seu convite às mudanças, além das obrigações internas de ser constantemente alegre para "não ficar para trás", conduz o indivíduo a esses tormentosos quadros emocionais.

O ego adoecido pelo excesso de si mesmo não consegue compreender que a tristeza é saudável, enriquecedora e terapêutica. O excesso de risos surge para forjar um estado de superioridade ou bem-estar inexistente e desnecessário.

Como dissemos, quando não queremos investir nosso tempo e cuidado nos empenhando no cuidado do lindo girassol, compramos um artificial acreditando que será mais fácil, e obteremos os mesmos resultados. Contudo, logo percebemos que é incomparável ao natural. No estado de euforia, no entanto, além de não abandonarmos a planta artificial e começarmos a cultivar a verdadeira, compraremos mais e mais girassóis de plástico. Esse é um movimento do ego adoecido que acredita ser possível enganar a si mesmo e aos demais, intensificando algo, como se a quantidade pudesse sobrepujar a qualidade.

Frente à dor do desencontro, à frustração do não conquistado e ao vazio da exterioridade, o sujeito que não está maduro minimamente derrapa para o caminho aparentemente mais fácil, a porta larga, a construção da *persona* de alegre. Certamente, por não perceber a solicitação para análise das necessidades reais e revisão da existência, o indivíduo, fugindo de si, mais cedo ou mais tarde, cairá nas malhas da depressão.

Joanna nos ensina que "Na raiz psicológica do transtorno depressivo ou de comportamento afetivo [Transtorno Afetivo Bipolar], encontra-se uma insatisfação do ser em relação a si mesmo, que não foi solucionada".[185]

Certamente, vivemos uma dose de insatisfação pelo que somos. Muito distante ainda nos encontramos de Deus e de suas leis, e seria patológico nos contentarmos com isso. Contudo, é preciso separar dois grupos de pessoas: as que se encontram insatisfeitas e arregaçam as mangas para preparar seu jardim, cultivando adequadamente suas sementes, visando obter lindas flores no futuro e aquelas que, procurando o caminho "mais curto", de menos empenho, compram flores de plástico, acreditando ter um jardim florido, no entanto falso e estéril.

CULTIVANDO A ALEGRIA

Quando Joanna de Ângelis salienta: "A felicidade expressa-se no conjunto tristeza-alegria, na condição de ponte que une distâncias aparentemente opostas"[186], ficamos a pensar sobre essa dupla emocional e tiramos a seguinte conclusão: se a tristeza é uma energia de introspecção, que convida o homem ao reajustamento e à revisão de alguns elementos da vida, a alegria é uma energia de exteriorização. Se na tristeza revemos a nossa forma de encarar a vida, na alegria expressamos a certeza de que está tudo certo. Se na primeira, Deus nos convida a olharmos para dentro e mudarmos algumas posturas, na segunda somos nós que dizemos a ele: muito obrigado!

A alegria é a emoção que expressa a sensação de que está tudo "ok". E por isso podemos nos alegrar ao olharmos para a natureza, para as crianças, para a vida como um todo. Sentimos alegria por identificarmos a presença de Deus como uma força que rege o Universo e mantém uma perfeita ordem.

Neste contexto, faz sentido alegrarmo-nos até com algumas experiências dolorosas. Não pela perda ou dificuldade em si, mas pela sensação/certeza de que está tudo sob o controle divino. É o momento em que o ego se abre a essa força, submete-se a ela, e vive-a em plenitude, felicitando-se.

Cultivar a alegria é dar espaço e possibilidade para que aquele girassol possa movimentar-se em função do astro-maior. É movimentarmo-nos em função de Deus. Alegria é um "heliotropismo humano". É termos olhos para Deus e para o Seu movimento, compreendendo e aceitando a trajetória que Ele determina para nós.

Cultivar a alegria é valorizar a espontaneidade de viver, a abertura às experiências e ao aprendizado. Como a criança que não se preocupa com o dia de amanhã, porque confia em seus pais. Brinca, joga-se no colo, cai e não desiste, pulsando energia vital.

Em um dos mais belos discursos sobre alegria e fé, Jesus disse:

> Não vos inquieteis por vossa vida, como o que comereis; nem por vosso corpo, como que vestireis. Não é a vida mais que o alimento, e o corpo mais que a veste? Olhai as aves do céu, que não semeiam nem ceifam, nem recolhem em celeiros, e vosso Pai celestial as alimenta. Não valeis muito mais do que elas? Qual dentre vós podeis, inquietando-vos, acrescentar um côvado à vossa estatura? E com relação às vestes, por que vos inquietais? Examinai os lírios do campo como crescem! Não labutam nem fiam.[187]

Cultivo das Emoções

Embora as colocações evangélicas se refiram às experiências da sobrevivência material, podemos e devemos extrapolá-las para a vida emocional, crendo na presença dessa força maior que regula e mantém o Universo em harmonia. Esse reconhecimento de que Deus está acima de nós, velando por todos, alegra-nos.

Para quem acredita que a reencarnação é um parque de diversões, que está na Terra para satisfazer a seus prazeres, qualquer impedimento se torna motivo para tristeza descabida, revolta ou mau humor. Porém, para os que reconhecem que esses são dias de aprendizado, num largo processo de desenvolvimento ético-moral, é possível sentir alegria até mesmo frente à dor que educa, e ao sofrimento que faz repensar.

Quando reconhecemos a sabedoria do Pai convidando os filhos rebeldes à retomada do caminho do bem, submetemo-nos com satisfação.

Encontramos na Doutrina Espírita um contínuo convite à alegria, ensinando-nos a encarar a vida de maneira mais otimista, pautada nos dias futuros, cultivando a alegria.

> Adapta-te, desse modo, às ocorrências existenciais, alegrando-te por estares no corpo, fruindo a oportunidade de corrigir equívocos, de realizar novos tentames, de manter convivências saudá-

veis, de enriquecimento incessante... A vida com alegria é, em si mesma, um hino de louvor a Deus.[188]

Quando a alegria não é cultivada de maneira adequada, alicerçada no *Eu superior*, torna-se adoecida e compromete o desenvolvimento emocional do indivíduo. Porém, quando é a consequência do reconhecimento de nossa pequenez frente ao Senhor, e de que somos velados por Ele, tornamo-nos alegres, felizes!

É preciso reconhecer que somos filhos de Deus e, por isso, atendê-lo em seus desígnios. A verdadeira alegria, que é suave e tranquila, aceita a condição atual do ser, mesmo identificando sua pequenez, não porque seja conivente com sua inferioridade, mas porque confia no Pai que vislumbra tudo que seremos ao trilharmos o caminho do Bem e do Amor.

A ARTE DE CULTIVAR AS EMOÇÕES

O encontro consciente e verdadeiro com as emoções, por mais simples que possa parecer, gera profundas modificações em nossa alma. Essa postura de autoconsciência, autoaceitação e autorrespeito, considerando um sentido maior, harmoniza o campo emocional e cria um ciclo virtuoso que se autorregula em direção à paz interior.

O processo demanda o desejo de se abrir verdadeiramente a elas, a partir do reconhecimento de que somos seres emocionais, que não podemos fugir desse mecanismo, que as reprimir gera grandes prejuízos para o complexo mente-corpo, e que, se as cultivarmos adequadamente, poderão embelezar e perfumar as nossas vidas.

O cultivo do campo emocional não é simples. Exige calma, sensibilidade e maturidade. Quando deixamos um jardim abandonado, certamente em pouco tempo veremos o caos. O mato se confundindo com a grama, folhagens desalinhadas, algumas plantas sufocando outras e flores sensíveis destruídas pela falta de cuidado e expostas às adversidades do ambiente.

Assim é nossa vida interior quando não cultivamos nossas emoções: elas ficam escancaradas, desalinhadas, intempestivas; automatizadas ou embotadas; geram mal-estar para nós e para os outros.

Cultivar as emoções pressupõe identificar os estados emocionais, diferenciando cada uma delas para lhes oferecer cuidado específico. Quando ignorantes dessa arte, reagimos com raiva ao sentirmos medo, choramos aparentemente de tristeza ao sentirmos raiva, ou camuflamos nossa tristeza com os sorrisos da falsa alegria.

Esse cultivo também se dá através do diálogo com cada uma delas. Essa aproximação é uma via de mão dupla, afinal, o contato com as emoções revela um pouco sobre elas e, ao mesmo tempo, um pouco sobre nós mesmos.

Somente através desse diálogo podemos conhecê-las efetivamente e compreender o sentido de cada uma delas em nossa vida.

Há uma sabedoria ínsita em nossas emoções. Elas precisam apenas de cultivo adequado, de atenção e cuidado, para serem utilizadas a nosso favor e cumprirem os seus papéis, oferecendo-nos suas lindas flores. Todas têm sua função específica e sua beleza particular. Ao estudarmos essas quatro emoções, percebemos a sincronia de movimentos, conduzindo harmonicamente o homem para o equilíbrio.

Disso resulta o entendimento de que o medo é uma energia de preservação, e por isso, nos aponta os cuidados a serem tomados, visando ao bem-estar individual e à perpetuação da espécie.

A raiva pode ser vista por energia de movimentação, convidando-nos a mudanças de posturas, de imagens internas e externas, visando estabelecer condições saudáveis para o crescimento interior.

Dessa mesma forma, a tristeza passa de simples fracasso para ser percebida como energia de introspecção que faz olharmos para dentro, estimulando a percepção das dores internas para nos ensinar a bem mais conduzirmos a vida.

E, por fim, a alegria enquanto energia de exteriorização, colocando para fora, em troca harmoniosa com o Universo, a repercussão da sintonia com Deus.

Se as emoções são um dínamo de vida, de realização, de crescimento, entendemos que produzem aflições quando se deparam com um ego exaltado, com as posturas rígidas autocentradas. Por gerarem resultados negativos entendemos que foram impulsionadas pelo ego desconectado de sua matriz superior, desejoso de ser por si mesmo e impor suas vontades alienadas e desconexas do todo harmônico.

Por isso mesmo, o próprio resultado dessas emoções desgovernadas destrona esse ego doente e lhe obriga a repensar sua postura frente à vida e ao Criador.

Quando movidas pelo ego adoecido, desvirtuam-se gerando dor e sofrimento, interpretando os desafios por ameaças, as divergências como hostilidade e as perdas como punições. Isso tudo porque o ego, incapaz de enxergar a vida pelo ângulo divino, analisa as situações apenas pelas suas lentes mesquinhas, autocentradas e competitivas, por acreditar que o mundo só tem espaço para aquele que ocupa o primeiro lugar, e que só é amado quem é perfeito.

Mas, ao contrário, quando impulsionadas pelo ego em sintonia com a essência, reconhecem nosso pequenino lugar no mundo, de relações horizontais, todos abaixo de Deus, amados por Ele como somos.

Quando não trabalhadas e cultivadas de maneira positiva tornam-se vícios que se enraízam em forma de hábitos de qualidade inferior, respondendo por diversos desastres morais e emocionais. Muitas vezes se apresentam de maneira disfarçada, envolvendo processos que se convertem em distúrbios de comportamento e que, infelizmente, na sociedade atual, são até alimentados e valorizados. Assim, as emoções refletem o estado espiritual em que cada um transita, e quando movidas pelo egoísmo e desejos do prazer material excessivo geram desajustes de difícil superação. Contudo, amparadas pelo ego em plena harmonia com o *Self*, o medo cumpre com seu papel de preservação exclusivamente nas situações que realmente oferecem risco à vida; a raiva atua vigorosamente como energia movimentando e efetivando as mudanças necessárias, a tristeza reassume seu potencial introspectivo para fortalecer nosso contato com Deus e aceitarmos Seus desígnios em nossas vidas, e a alegria exterioriza a verdadeira relação, sincera e profunda com o Universo e Seu Criador.

Mas, além de compreendermos um pouco mais do mundo emocional, como dissemos, esse cuidado e proximidade nos permitem também compreender mais de nós mesmos.

Cultivo das Emoções

Joanna de Ângelis afirma: "As emoções constituem reflexos do *Self*, exteriorizando as construções e ideações mentais".[189] Isso nos faz entender que nossos medos, raivas, tristezas e alegrias escancaram o estado interior atual, para além dos discursos e máscaras que criamos a nosso respeito, e a partir das suas manifestações podemos avaliar as manifestações egoicas saudáveis ou adoecidas.

Ao refletirmos acerca de nossos medos, percebemos quanto ainda estamos aprisionados ao mundo infantil, condicionados pelos insucessos da vida, ou paralisados frente às exterioridades. Revelam quão inseguros somos, quanto duvidamos de nossas capacidades e potenciais, quanto a opinião alheia prevalece sobre nós e quanto preocupados somos com nossa imagem, mais do que com as tarefas a serem realizadas. Receosos de colocar nosso ego em risco, preferimos não atender ao chamado evolutivo.

Ao dialogar com a raiva, identificamos o franco egocentrismo. Também verificamos quão imaturos e exigentes nos colocamos nas relações, como se o mundo fosse obrigado a nos servir, a nosso modo e a nosso tempo. Contatar a raiva que há em nós faz percebermos a inflexibilidade e, principalmente, o desejo de superioridade. Ela tem um poder especial de delatar nosso senso equivocado de autoimportância e de exaltação. Mostra também o quanto somos destrutivos quando não somos atendidos, semelhante à criança mimada que não aceita ser contrariada, diminuída, deixada de lado ou silenciada.

Da mesma forma, ao abrirmos espaço para as nossas tristezas, enxergamos as imagens que criamos de um mundo que gira a favor do culto das ilusões e predileções, muitas vezes descabidas. Elas nos revelam o quanto vivemos distantes de nós mesmos, e como endurecemos quando a vida quer nos fazer refletir sobre comportamentos que acreditamos corretos. Além disso, mostra o quanto nos recusamos a aceitar certas situações. Recusamos o comando divino, como se isso fosse possível.

O reconhecimento da nossa pequenez

Como dissemos anteriormente, se o sentimento de autoimportância desmedida é a postura egoica que gera todos os vícios e que desajusta as nossas emoções, então o reconhecimento da nossa pequenez, consequência do autodescobrimento, dar-nos-á o equilíbrio emocional e será a nossa salvação.

O verdadeiro encontro e cultivo de nossas emoções harmoniza o ego com a divindade. Por desnudá-lo frente à vida e ao Criador, torna-o humilde.

Em uma das mais belas mensagens sobre o tema, em **O evangelho segundo o espiritismo**, Lacordaire apregoa:

> A humildade é virtude muito esquecida entre vós. Bem pouco seguidos são os exemplos que dela se vos têm dado. Entretanto, sem humil-

dade, podeis ser caridosos com vosso próximo? Oh! Não, pois que este sentimento nivela os homens, dizendo-lhes que todos são irmãos, que se devem auxiliar mutuamente, e os induz ao bem. Sem a humildade, apenas vos adornais de virtudes que não possuís, como se trouxésseis um vestuário para ocultar as deformidades do vosso corpo.[190]

Como sermos verdadeiramente caridosos, se não nos cremos humildes e o móvel da caridade está em nos colocarmos lado a lado como irmãos? Como sermos médiuns de Deus, sem submissão ao Superior, vendo-nos como trabalhadores especiais, merecedores de recompensas? Como oferecer o passe, se acreditamos ser a fonte inesgotável das forças curativas, esquecendo a nossa condição de medianeiros imperfeitos, como simples tomadas que canalizam a energia do mais alto? Como evangelizar com amor e respeito, se nos colocamos no "púlpito" dos que sabem mais e orientam os que estão equivocados?

Sem a humildade, diz-nos o bom espírito, adornamo-nos de virtudes que não possuímos. Por compreendermos que sem Deus, sem o conhecimento, sem muito esforço e amparo dos bons espíritos, nada somos e muito pouco podemos, sentimos a nossa pequenez. Naturalmente nos disciplinamos, persistimos e estudamos.

Joanna de Ângelis diz que a humildade não é a negação de valores, nem subestima por si próprio, afinal, ser filho de Deus e encontrar-se em experiência evolutiva é bênção que não podemos desprezar.[191]

Todas as nossas ações são vazias caso não estejam pautadas na verdadeira humildade, decorrente do reconhecimento de nossa pequenez.

Ressaltamos ainda as precisas palavras do espírito Fénelon, respondendo a Kardec sobre o meio de destruir o egoísmo: "O Espiritismo bem compreendido, mostra as coisas de tão alto que o sentimento de personalidade desaparece, de certo modo, diante da imensidade".[192]

São palavras inspiradoras por nos apontarem o caminho da humildade de maneira natural e harmoniosa, à medida que formos capazes de olhar as coisas mais do alto, como o Espiritismo tem nos mostrado. Todas as dores que vivemos, silenciam, assim como as ofensas e os preconceitos, ao serem observados mais do alto.

A partir do momento que aprendemos a "olhar de cima", percebemos que também não somos o centro, nem tão grandes quanto imaginamos, e tomamos consciência de quão fantasioso é querer que as coisas se submetam à nossa vontade, em detrimento da vontade de Deus.

Não falamos de uma pequenez que ofende, que descaracteriza, que despreza, mas sim, daquela que reconhece o seu verdadeiro tamanho, a exemplo de Madre Tereza de Calcutá que comparou o seu trabalho a uma gota no oceano, e com sublime humildade acrescentou: "Mas sem essa gota o oceano seria menor".

Cultivo das Emoções

Reconhecer nossa pequenez não nos coloca na posição de subserviência, de ausência de vontade, de falta de idealismo.

Foram os grandes humildes do mundo que marcaram a História, e acima deles esteve Jesus. Ele, o Homem Humilde por excelência, escolheu nascer em uma manjedoura, ao lado dos animais, em completo improviso devido às condições do momento, e sair do mundo carnal crucificado entre dois ladrões.

Ele, que é o Governador do Planeta, citado por Emmanuel como "... a luz do princípio, e nas suas mãos misericordiosas repousam os destinos do mundo"[193], nada exigiu de exterioridades, e sofreu as dores mais atrozes... Então, o que caberá a nós?

A humildade mostra o nosso lugar no mundo e nos ensina que Deus está no comando. Independente das nossas ações ou reações, tudo sempre esteve e sempre estará sob Seus desígnios. Cabe-nos ouvi-Lo.

Será somente por meio desse ego harmonizado com Deus que cultivaremos nossas emoções e viveremos em paz.

"Não saias! É no interior do homem que habita a verdade".[194]

REFERÊNCIAS BIBLIOGRÁFICAS

APA (Associação Americana de Psiquiatria) **DSM-IV: Manual diagnóstico e estatístico de transtornos mentais.** Porto Alegre: Artmed, 2002 (quarta edição, com texto revisado).

BÍBLIA SAGRADA. Tradução João Ferreira de Almeida. São Paulo: Sociedade Bíblica do Brasil, 2009 (revista e corrigida).

EKMAN, Paul. **A linguagem das emoções**. 4. ed., São Paulo: Lua de Papel, 2011.

FRANCO, Divaldo Pereira. (médium); ÂNGELIS, Joanna de (Espírito). **Momentos de felicidade.** Salvador: Leal, 1990.

_____. **Momentos de iluminação.** Salvador: Leal, 1990.

_____. **O homem integral.** Salvador: Leal, 1990 (edição comemorativa dos 25 anos da Série Psicológica Joanna de Ângelis, volume 2).

_____. **O ser consciente.** Salvador: Leal, 1993 (edição comemorativa dos 25 anos da Série Psicológica Joanna de Ângelis, volume 5).

_____. **Autodescobrimento:** uma busca interior. Salvador: Leal, 1995 (edição comemorativa dos 25 anos da Série Psicológica Joanna de Ângelis, volume 6).

_____. **Vida:** desafios e soluções. Salvador: Leal, 1997 (edição comemorativa dos 25 anos da Série Psicológica Joanna de Ângelis, volume 8).

_____. **Amor, imbatível amor.** Salvador: Leal, 1998 (edição comemorativa dos 25 anos da Série Psicológica Joanna de Ângelis, volume 9).

_____. **O despertar do espírito.** Salvador: Leal, 2000 (edição comemorativa dos 25 anos da Série Psicológica Joanna de Ângelis, volume 10).

_____. **Jesus e o evangelho à luz da psicologia profunda.** Salvador: Leal, 2000 (edição comemorativa dos 25 anos da Série Psicológica Joanna de Ângelis, volume 11).

_____. **Triunfo pessoal**. Salvador: LEAL, 2002 (edição comemorativa dos 25 anos da Série Psicológica Joanna de Ângelis, volume 12).

_____. **Diretrizes para o êxito.** Salvador: Leal, 2004.

_____. **Conflitos existenciais.** Salvador: Leal, 2005 (edição comemorativa dos 25 anos da Série Psicológica Joanna de Ângelis, volume 13).

_____. **Iluminação interior.** Salvador: Leal, 2006.

_____. **Amor como solução.** Salvador: Leal, 2006.

_____. **Encontro com a paz e a saúde.** Salvador: Leal, 2007 (edição comemorativa dos 25 anos da Série Psicológica Joanna de Ângelis, volume 14).

_____. **Em busca da verdade.** Salvador: Leal, 2009 (edição comemorativa dos 25 anos da Série Psicológica Joanna de Ângelis, volume 15).

_____. **Psicologia da gratidão.** Salvador: Leal, 2011 (edição comemorativa dos 25 anos da Série Psicológica Joanna de Ângelis, volume 16).

_____. **Atitudes renovadas.** Salvador: Leal, 2009.

_____. **Vitória sobre a depressão.** Salvador: Leal, 2010.

_____. **Entrega-te a Deus.** Catanduva: Intervidas, 2010.

_____. **Rejubila-te em Deus.** Salvador: Leal, 2013.

FRANCO, Divaldo Pereira (médium); PASTORINO, Carlos Torres (espírito). **Impermanência e imortalidade.** Rio de Janeiro: FEB, 2004.

GALIMBERT, Umberto. **Dicionário de psicologia.** São Paulo: Edições Loyola, 2010.

GOLEMAN, Daniel. **Inteligência emocional:** a teoria revolucionária que redefine o que é ser inteligente. Rio de Janeiro: Objetiva, 1995.

HILLMAN, James. **Revendo a psicologia**. Vozes: Petrópolis: 2010.

HILLMAN, James. **Psicologia arquetípica** – um breve relato. Cultrix, São Paulo: 1995.

HOUAISS, Antônio. **Dicionário Houaiss da língua portuguesa.** Rio de Janeiro: Objetiva, 2001.

JUNG, Carl Gustav. **A Natureza da psique**. 5. ed. Petrópolis: Vozes, 2000 (Obras completas de C. G. Jung, volume 8/2).

_____. **Memórias, sonhos e reflexões.** 22. ed. Rio de Janeiro: Nova Fronteira, 2002.

_____. **Psicologia do inconsciente**. 7. ed. Petrópolis: Vozes, 2007 (Obras completas de C. G. Jung, volume 7/1).

_____. **O homem e seus símbolos.** 2. ed. Rio de Janeiro: Nova Fronteira, 2008.

_____. **Livro vermelho.** Petrópolis: Vozes, 2010.

_____. **Aion: estudo sobre o simbolismo do si-mesmo.** 8. ed. Petrópolis: Vozes, 2011 (Obras completas de C. G. Jung, volume 9/2).

_____. **O símbolo da transformação na missa**. 6. ed. Petrópolis: Vozes, 2011 (Obras completas de C. G. Jung, volume 11/3).

_____. **Os arquétipos e o inconsciente coletivo**. 7. ed. Petrópolis: Vozes, 2011 (Obras completas de C. G. Jung, volume 9/1).

_____. **Tipos psicológicos.** 5. ed. Petrópolis: Vozes, 2012 (Obras completas de C. G. Jung, volume 6).

KARDEC, Allan. **O livro dos espíritos.** Rio de Janeiro: FEB, 2006 (Edição comemorativa do sesquicentenário).

_____. **O evangelho segundo o espiritismo**. 126. ed. Rio de Janeiro: FEB, 2006.

_____. **O livro dos médiuns.** Rio de Janeiro: FEB, 2007.

_____. **A gênese.** 52. ed. Rio de Janeiro: FEB, 2007.

_____. **Revista espírita:** jornal de estudos psicológicos. Rio de Janeiro: FEB, 2009.

MIRA Y LÓPEZ, Emilio. **Quatro gigantes da alma**. 28. ed. Rio de Janeiro: José Olimpo, 2011.

MORENO, Maria Teresa Nappi& ARAÚJO, Ceres Alves. Emoções de raiva associadas à gastrite e esofagite. **Revista psicologia da saúde**, 13 (1), jan-jun 2005, 1-269p. Disponível em: https://www.metodista.br/revistas/revistas-ims/index.php/MUD/article/viewArticle/840. Acessado em abril de 2015.

NEWEN, Albert & ZINCK, Alexandra. O jogo das emoções. In: **O desafio das emoções** (Biblioteca Mente e Cérebro, v. 5). São Paulo: Duetto Editorial, 2013.

NOVO TESTAMENTO. Tradução de Haroldo Dutra Dias. Brasília: FEB, 2013.

NÚCLEO DE ESTUDOS PSICOLÓGICOS JOANNA DE ÂNGELIS & FRANCO, Divaldo Pereira (médium); ÂNGELIS, Joanna de (Espírito). **Refletindo a alma:** a psicologia espírita de Joanna de Ângelis. Salvador: Leal, 2011.

_____. **Espelhos da alma**: uma jornada terapêutica. Salvador: Leal, 2014.

OMS (Organização Mundial da Saúde) – **CID 10: Classificação de transtornos mentais e de comportamento:** descrições clínicas e diretrizes diagnósticas. Porto Alegre: Artmed, 1993.

STEIN, Murray. **Jung:** o mapa da alma. 5. ed. São Paulo: Cultrix, 2006.

VON-FRANZ, Marie Louise. O processo de individuação. In: JUNG, Carl Gustav. **O homem e seus símbolos.** 2. ed. Rio de Janeiro: Nova Fronteira, 2008.

XAVIER, Francisco Cândido (médium); EMAMNUEL (espírito). **Caminho, verdade e vida.** Brasília: FEB, 1948 (Coleção Fonte Viva, 1 – edição 2013).

XAVIER, Francisco Cândido (médium); EMAMNUEL (espírito). **A caminho da luz.** Brasília: FEB, 1938.

WHITMONT, Edward. **A busca do símbolo**. 8. ed. São Paulo: Cultrix, 2008.

ENDNOTES

Observação: as obras do Pentateuco Espírita e de Divaldo P. Franco serão citadas pelo número do capítulo. E as Obras Completas de C. G. Jung pelo parágrafo. Isso se deve às diferenças entre as várias edições.

[1] - KARDEC – Revista espírita: jornal de estudos psicológicos, (jan/1858 – introdução, p. 27).

[2] - KARDEC – O livro dos espíritos, conclusão.

[3] - KARDEC – O livro dos espíritos, questão 917 (comentários).

[4] - KARDEC – A gênese, cap. XVIII, item 5.

[5] - KARDEC – A gênese, cap. XVIII, item 18.

[6] - KARDEC – O livro dos espíritos, questão 919.

[7] - KARDEC – Revista espírita: jornal de estudos psicológicos, (dez/1868 - p. 514).

[8] - HOUAISS, verbete.

[9] - HOUAISS, verbete.

[10] - KARDEC – O livro dos espíritos, questão 907.

[11] - KARDEC – O livro dos espíritos, questão 908.

[12] - NEPJA – Refletindo a alma: a psicologia espírita de Joanna de Ângelis, cap. Joanna responde – 1ª parte.

[13] - NEPJA – Espelhos da alma: uma jornada terapêutica, cap. Joanna de Ângelis responde – 1ª parte.

[14] - JUNG – O livro vermelho, p. 247.

[15] - NOVO TESTAMENTO – João 8:32.

[16] - KARDEC – O livro dos espíritos, questão 919.

[17] - FRANCO – O despertar do espírito, cap. 4: Atividades libertadoras.

[18] - KARDEC – O livro dos espíritos – questão 170.

[19] - KARDEC – O evangelho segundo o espiritismo, cap. III.

[20] - FRANCO – O homem integral, cap. 1: Fatores de perturbação.

[21] - JUNG – Aion: estudo sobre o simbolismo do Si-mesmo, pr. 14.

[22] - NOVO TESTAMENTO – Mateus 7: 24.

[23] - KARDEC – O livro dos espíritos – questão 919 a.

[24] - STEIN – Jung: o mapa da alma, p. 98.

[25] - JUNG – Os arquétipos e o inconsciente coletivo, pr. 44.

[26] - JUNG – Estudos diversos, parágrafo 520.

[27] - JUNG – Estudos diversos, parágrafo 520.

[28] - JUNG – Natureza da psique, pr. 181.

[29] - JUNG – Natureza da psique, pr. 181.

[30] - FRANCO – Em busca da verdade, cap. 2: Fragmentações morais.

[31] - JUNG – Tipos psicológicos, Definições – verbete "eu".

[32] - FRANCO – Autodescobrimento: uma busca interior, cap. 11: Os sentimentos: amigos ou adversários?

[33] - JUNG – O símbolo da transformação na missa, pr. 391.

[34] - JUNG – O símbolo da transformação na missa, pr. 391.

[35] - STEIN – Jung: o mapa da alma, p. 27.

[36] - NEPJA – Espelhos da alma: uma jornada terapêutica, cap. 2: A estruturação do ego ou eu.

[37] - FRANCO – O ser consciente, cap. 2: Ser e pessoa.

[38] - WHITMONT – A busca do símbolo, p. 195.

[39] - NOVO TESTAMENTO – Lucas 9:23.

[40] - WHITMONT – A busca do símbolo, p. 96.

[41] - VON-FRANZ – O processo de individuação, p. 213.

[42] - BÍBLIA SAGRADA – Gálatas 2:20.

[43] - BÍBLIA SAGRADA – Gálatas 2:20.

[44] - KARDEC – O livro dos espíritos, questão 913.

[45] - FRANCO – Impermanência e imortalidade, p. 105.

[46] - KARDEC – O evangelho segundo o espiritismo, cap. XI, item 8.

[47] - FRANCO – Vida: desafios e soluções, cap. 7: Descobrindo o inconsciente.

[48] - FRANCO – Em busca da verdade, cap. 2: Fragmentações morais.

[49] - KARDEC – O evangelho segundo o espiritismo, cap. XVII, item 3.

[50] - BÍBLIA SAGRADA – Carta aos romanos 7:18 a 21.

[51] - JUNG – Psicologia do inconsciente.

[52] - JUNG – Os arquétipos e o inconsciente coletivo, pr. 42-43.

[53] - FRANCO – Vida: desafios e soluções, cap. 7: Descobrindo o inconsciente.

[54] - FRANCO – Impermanência e imortalidade, cap. 17: Conquistas internas.

[55] - HOUAISS, verbete.

[56] - GALIMERTI – Dicionário de psicologia, verbete.

[57] - GOLEMAN – Inteligência emocional, p. 303.

[58] - EKMAN – A linguagem das emoções, p. 20.

[59] - NEWEN & ZINCK – Biblioteca Mente e Cérebro, p. 17.

[60] - FRANCO – Autodescobrimento: uma busca interior, cap. 2: Equipamentos existenciais.

[61] - FRANCO – Autodescobrimento: uma busca interior, cap. 2: Equipamentos existenciais.

[62] - FRANCO – Amor como solução, cap. 14: Sentimentos e emoções.

[63] - FRANCO – Encontro com a paz e a saúde, cap. 7: A conquista da felicidade.

[64] - FRANCO – Atitudes renovadas, cap. 22: As emoções.

[65] - FRANCO – Atitudes renovadas, cap. 22: As emoções.

[66] - FRANCO – Rejubila-te em Deus, cap. 26: Inteligência e emoção.

[67] - FRANCO – Momentos de felicidade, cap. 18: Emoções perturbadoras.

[68] - FRANCO – Atitudes renovadas, cap. 22: As emoções.

[69] - FRANCO – Atitudes renovadas, cap. 22: As emoções.

[70] - JUNG – Memórias, sonhos e reflexões, p. 243.

[71] - FRANCO – Atitudes renovadas, cap. 22: As emoções.

[72] - FRANCO – Momentos de felicidade, cap. 18: Emoções perturbadoras.

[73] - HILLMAN – Revendo a psicologia, p. 338.

[74] - HILLMAN – Psicologia arquetípica – um breve relato, p. 54.

[75] - HOUAISS, verbete.

[76] - HOUAISS, verbete.

[77] - HOUAISS, verbete.

[78] - MIRA y LÓPEZ – Quatro gigantes da alma, p. 19.

[79] - HOUAISS, verbete.

[80] - GALIMERTI – Dicionário de psicologia, verbete.

[81] - GOLEMAN – Inteligência emocional, p. 31.

[82] - FRANCO – Encontro com a paz e a saúde, cap. 1: Experiências humanas e evolução do pensamento.

[83] - EKMAN – A linguagem das emoções, p. 164.

[84] - GALIMBERTI – Dicionário de psicologia, verbete.

[85] - GOLEMAN – Inteligência emocional, p. 21.

[86] - EKMAN – A linguagem das emoções, p. 165.

[87] - MIRA y LÓPEZ – Quatro gigantes da alma, p. 45.

[88] - MIRA y LÓPEZ – Quatro gigantes da alma, p. 45.

[89] - GOLEMAN – Inteligência emocional, anexo A.

[90] - MIRA y LÓPEZ – Quatro gigantes da alma, pp. 38-39.

[91] - MIRA y LÓPEZ – Quatro gigantes da alma, cap. 3.

[92] - EKMAN – A linguagem das emoções, p. 168.

[93] - EKMAN – A linguagem das emoções, p. 169.

[94] - FRANCO – O despertar do espírito, cap. 8: Sentimentos tumultuados.

[95] - FRANCO – Diretrizes para o êxito, cap. 6: Medo e autoconfiança.

[96] - FRANCO – Conflitos existenciais, cap. 4: Medo.

[97] - MIRA y LÓPEZ – Quatro gigantes da alma, p. 52.

[98] - FRANCO – Conflitos existenciais, cap. 4: Medo.

[99] - FRANCO – Momentos de iluminação, cap. 14: Enfrentando o medo.

[100] - KARDEC – O livro dos espíritos, questão 917.

[101] - MIRA y LÓPEZ – Quatro gigantes da alma, p. 76.

[102] - HOUAISS, verbete.

[103] - GOLEMAN – Inteligência emocional, p. 20.

[104] - MIRA y LÓPEZ – Quatro gigantes da alma, p. 79-80.

[105] - FRANCO – Autodescobrimento: uma busca interior, cap. 10: Conteúdos perturbadores.

[106] - FRANCO – Conflitos existenciais, cap. 3: Raiva.

[107] - KARDEC – O livro dos espíritos, q. 908 (comentários).

[108] - FRANCO – Autodescobrimento: uma busca interior, cap. 10: Conteúdos perturbadores.

[109] - SELEÇÕES – novembro 2002 (matéria: Calma, Calma).

[110] - MORENO & ARAÚJO – Emoções de raiva associadas à gastrite e esofagite.

[111] - MIRA y LÓPEZ – Quatro gigantes da alma, p. 72.

[112] - PLANETA – janeiro 2008 (matéria: A beira de um ataque de raiva).

[113] - GOLEMAN – Inteligência emocional, p. 78.

[114] - SELEÇÕES – novembro 2002 (matéria: Calma, Calma).

[115] - SELEÇÕES – novembro 2002 (matéria: Calma, Calma).

[116] - FRANCO – Autodescobrimento: uma busca interior, cap. 10: Conteúdos perturbadores.

[117] - FRANCO – Autodescobrimento: uma busca interior, cap. 10: Conteúdos perturbadores.

[118] - KARDEC – O evangelho segundo o espiritismo, cap. IX, item 9.

[119] - FRANCO – Autodescobrimento: uma busca interior, cap. 10: Conteúdos perturbadores.

[120] - FRANCO – Autodescobrimento: uma busca interior, cap. 10: Conteúdos perturbadores.

[121] - NOVO TESTAMENTO – Mateus 5:21 e 22.

[122] - KARDEC – O evangelho segundo o espiritismo, cap. IX, item 4.

[123] - BÍBLIA SAGRADA – Carta aos efésios 4:26.

[124] - BÍBLIA SAGRADA – Tiago 1:19 e 20.

[125] - XAVIER – Caminho, verdade e vida, cap. 77.

[126] - FRANCO – Autodescobrimento: uma busca interior, cap. 10: Conteúdos perturbadores.

[127] - KARDEC – O evangelho segundo o espiritismo, cap. V, item 18.

[128] - FRANCO – Autodescobrimento – uma busca interior, cap. 10: Conteúdos perturbadores.

[129] - FRANCO – Rejubila-te em Deus, cap. 20: Convulsões morais.

[130] - GOLEMAN – Inteligência emocional, p. 20.

[131] - WHITMONT – A busca do símbolo, p. 154.

[132] - NOVO TESTAMENTO – João: 11:32.

[133] - NOVO TESTAMENTO – João: 11:33.

[134] - NOVO TESTAMENTO – Marcos: 3:4 e 5.

[135] - NOVO TESTAMENTO – Mateus: 21:12 e 13.

[136] - FRANCO – Jesus e o evangelho à luz da psicologia profunda, cap. 12: Julgamentos.

[137] - HOUAISS, verbete.

[138] - HOUAISS, verbete.

[139] - GOLEMAN – Inteligência emocional, p. 83.

[140] - EKMAN – A linguagem das emoções, p. 100.

[141] - FRANCO – Entrega-te a Deus, cap. 22: A tragédia da depressão.

[142] - FRANCO – Atitudes renovadas, cap. 5: Considerações sobre a tristeza.

[143] - FRANCO – Atitudes renovadas, cap. 5: Considerações sobre a tristeza.

[144] - FRANCO – Iluminação interior, cap. 17: Tormentos da depressão.

[145] - FRANCO – Iluminação interior, cap. 17: Tormentos da depressão.

[146] - FRANCO – Atitudes renovadas, cap. 5: Considerações sobre a tristeza.

[147] - NOVO TESTAMENTO – Mateus 26: 37 e 38.

[148] - NOVO TESTAMENTO – Mateus 26: 39.

[149] - GOLEMAN – Inteligência emocional, p. 21.

[150] - FRANCO – Atitudes renovadas, cap. 5: Considerações sobre a tristeza.

[151] - FRANCO – Atitudes renovadas, cap. 5: Considerações sobre a tristeza.

[152] - FRANCO – Iluminação interior, cap. 17: Tormentos da depressão.

[153] - GOLEMAN – Inteligência emocional, p. 85.

[154] - GOLEMAN – Inteligência emocional, p. 83.

[155] - GALIMERTI – Dicionário de psicologia, verbete.

[156] - APA – DSM-IV-TR

[157] - FRANCO – Iluminação interior, cap. 17: Tormentos da depressão.

[158] - FRANCO – Entrega-te a Deus, cap. 22 – A tragédia da depressão.

[159] - FRANCO – Triunfo pessoal, cap. 6: Transtornos profundos.

[160] - FRANCO – Entrega-te a Deus, cap. 22 – A tragédia da depressão.

[161] - FRANCO – Iluminação interior, cap. 17: Tormentos da depressão.

[162] - FRANCO – Triunfo pessoal, cap. 6: Transtornos profundos.

[163] - FRANCO – Triunfo pessoal, cap. 6: Transtornos profundos.

[164] - FRANCO – Triunfo pessoal, cap. 6: Transtornos profundos.

[165] - FRANCO – Vitória sobre a depressão, introdução.

[166] - FRANCO – Vitória sobre a depressão, introdução.

[167] - NEPJA – Refletindo a alma: a psicologia espírita de Joanna de Ângelis, cap. 12: Depressão: uma luz na escuridão.

[168] - NEPJA – Refletindo a alma: a psicologia espírita de Joanna de Ângelis, cap. 12: Depressão: uma luz na escuridão.

[169] - FRANCO – Triunfo pessoal, cap. 6: Transtornos profundos.

[170] - FRANCO – Triunfo pessoal, cap. 6: Transtornos profundos.

[171] - FRANCO – Triunfo pessoal, cap. 6: Transtornos profundos.

[172] - HOUAISS, verbete.

[173] - FRANCO – O despertar do Espírito, cap. 4: Atividades libertadoras.

[174] - FRANCO – O despertar do Espírito, cap. 4: Atividades libertadoras.

[175] - HOUAISS, verbete.

[176] - GOLEMAN – Inteligência emocional, p. 21.

[177] - EKMAN – A linguagem das emoções, p. 202.

[178] - FRANCO – Vida: desafios e soluções, cap. 6: Aspectos da vida.

[179] - FRANCO – O despertar do Espírito, cap. 4: Atividades libertadoras.

[180] - FRANCO – Vitória sobre a depressão, cap. 15: Viver com alegria.

[181] - FRANCO – Atitudes renovadas, cap. 5: Considerações sobre a tristeza.

[182] - OMS – CID 10.

[183] - OMS – CID 10.

[184] - FRANCO – Amor, imbatível amor, cap. 10: Doenças da alma.

[185] - FRANCO – Triunfo pessoal, cap. 6: Transtornos profundos.

[186] - FRANCO – Atitudes renovadas, cap. 5: Considerações sobre a tristeza.

[187] - NOVO TESTAMENTO – Mateus 6:25 a 28.

[188] - FRANCO – Vitória sobre a depressão, cap. 15: Viver com alegria.

[189] - FRANCO – Psicologia da gratidão, cap. 10: Técnicas da gratidão.

[190] - KARDEC – O evangelho segundo o espiritismo, cap. VII, item 11.

[191] - FRANCO – Autodescobrimento: uma busca interior, cap. 10: Conteúdos perturbadores.

[192] - KARDEC – O livro dos espíritos, questão 917.

[193] - XAVIER – A caminho da luz.

[194] - JUNG – Memórias, sonhos e reflexões, p. 89.

[195] - KARDEC – O livro dos espíritos, questão 917 (comentários).

[196] - NEPJA – Espelhos da alma: uma jornada terapêutica, cap. Joanna de Ângelis responde – 1ª parte.

[197] - KARDEC – O livro dos médiuns, cap. XXIX, item 334.

[198] - FRANCO – O despertar do espírito, cap. 7: Relacionamentos humanos.

DIREITOS DE EDIÇÃO
Copyright©
EBM EDITORA
Rua Doutor Albuquerque Lins, 152
Centro - Santo André - SP
CEP: 09010-010

CONTATO COMERCIAL
(11) 2866-6000
ebm@ebmeditora.com.br
www.ebmeditora.com.br

 facebook.com/ebmeditora

Dados Internacionais de Catalogação na Publicação (CIP)
(Câmara Brasileira do Livro, SP, Brasil)

Reikdal, Marlon

Cultivo das emoções : um caminho para a transformação moral / Marlon Reikdal. -- 1. ed. -- Santo André, SP : EBM Editora, 2015.

1. Autoconhecimento 2. Conduta de vida 3. Emoções 4. Espiritismo 5. Espiritismo - Aspectos morais e éticos 6. Transformação I. Título.

15-06179   CDD-133.91

Índices para Catálogo Sistemático
1. Emoções : Transformação moral : Doutrina espírita 133.91

ISBN: 978-85-64118-56-0

TÍTULO:	Cultivo das emoções: um caminho para a transformação moral
AUTOR:	Marlon Reikdal
EDIÇÃO:	1ª
EDITORA:	EBM Editora
ISBN:	978-85-64118-56-0
PÁGINAS:	320
EDITOR:	*Manu Mira Rama*
COEDITOR:	Miguel de Jesus Sardano
CONSELHO EDITORIAL:	Alex Sandro Pereira - Tiago Minoru Kamei
CAPA:	Ricardo Brito - Estúdio Design do Livro
REVISÃO:	Rosemarie Giudilli
DIAGRAMAÇÃO:	Tiago Minoru Kamei
PAPEL MIOLO:	Pólen Natural 70g - 1x1 cores
PAPEL CAPA:	Cartão Ningbo Star C1S 300g - 4x0 cores
GRÁFICA:	Lis Gráfica e Editora Ltda
PRODUÇÃO:	Abril de 2023
4ª IMPRESSÃO:	3.000 exemplares (normal)
TIRAGEM ACUMULADA:	19.000 exemplares (normal e luxo)